CRÉDITO AOS CONSUMIDORES

ANOTAÇÃO AO DECRETO-LEI N.º 133/2009

FERNANDO DE GRAVATO MORAIS

Doutor em Direito
Professor da Escola de Direito da Universidade do Minho

CRÉDITO AOS CONSUMIDORES

ANOTAÇÃO AO DECRETO-LEI N.º 133/2009

CRÉDITO AOS CONSUMIDORES
ANOTAÇÃO AO DECRETO-LEI N.º 133/2009

AUTOR
FERNANDO DE GRAVATO MORAIS

EDITOR
EDIÇÕES ALMEDINA, SA
Av. Fernão Magalhães, n.º 584, 5.º Andar
3000-174 Coimbra
Tel.: 239 851 904
Fax: 239 851 901
www.almedina.net
editora@almedina.net

PRÉ-IMPRESSÃO | IMPRESSÃO | ACABAMENTO
G.C. GRÁFICA DE COIMBRA, LDA.
Palheira – Assafarge
3001-453 Coimbra
producao@graficadecoimbra.pt

Julho, 2009

DEPÓSITO LEGAL
297230/09

Os dados e as opiniões inseridos na presente publicação
são da exclusiva responsabilidade do(s) seu(s) autor(es).

Toda a reprodução desta obra, por fotocópia ou outro qualquer
processo, sem prévia autorização escrita do Editor, é ilícita
e passível de procedimento judicial contra o infractor.

Biblioteca Nacional de Portugal – Catalogação na Publicação

PORTUGAL. Leis, decretos, etc.

Crédito aos consumidores : anotação ao
Decreto-lei n° 133/2009 / Fernando de
Gravato Morais. – (Legislação anotada)
ISBN 978-972-40-3933-6

I – MORAIS, Fernando de Gravato

CDU   347
      366

A convite do Prof. Doutor Carlos Ferreira de Almeida, e sob a sua coordenação, na sequência de uma Proposta de diploma elaborada pela Direcção Geral do Consumidor, participamos activa e substancialmente na transposição da Directiva 2008/48/CE, de 23 de Abril de 2008, para o nosso direito interno.

Essa razão levou-nos a tomar a iniciativa de tecer alguns comentários sobre o DL 133/2009, de 2 de Junho, que entrou em vigor no dia de 1 Julho de 2009.

O diploma é extenso, as disposições, na sua larga maioria, também. Tal deve-se ao facto de o texto comunitário o ser igualmente. De todo o modo, pode bem dizer-se que há uma melhoria muito significativa na tutela do consumidor a crédito, já que, para além das regras apostas na Directiva – que é de harmonização máxima, pelo que pouco se permite aos Estados-Membros em sede de efectiva transposição –, se mantiveram algumas disposições do DL 359/91, de 21 de Setembro, com aquela compatíveis, sem prejuízo de se terem introduzido alguns preceitos inovadores não consagrados no texto comunitário.

Uma nota final para referir que se citam os estudos de maior relevo sobre a temática, evitando aprofundar excessivamente as matérias, tendo em conta a natureza pragmática e a dinâmica que se pretende conferir a este trabalho.

DECRETO-LEI N.° 133/2009, DE 2 DE JUNHO

PREÂMBULO

MINISTÉRIO DA ECONOMIA E DA INOVAÇÃO

Decreto-Lei n.° 133/2009,
de 2 de Junho

A Directiva n.° 87/102/CEE, do Conselho, de 22 de Dezembro de 1986, relativa à aproximação das disposições legislativas, regulamentares e administrativas dos Estados membros relativas ao crédito ao consumo, alterada pela Directiva n.° 90/88/CEE, do Conselho, de 22 de Fevereiro, e pela Directiva n.° 98/7/CE, do Parlamento Europeu e do Conselho, de 16 de Fevereiro, estabeleceu regras comunitárias para os contratos de crédito ao consumo, tendo sido transposta para o ordenamento jurídico interno pelo Decreto-Lei n.° 359/91, de 21 de Setembro.

Os aspectos inovadores que então foram introduzidos respeitam ao dever de informação clara, completa e verdadeira, às condições a que deve obedecer a publicidade, aos requisitos do contrato, ao direito de revogação e à instituição da taxa anual de encargos efectiva global (TAEG), uniformizada no quadro da Comunidade Europeia, cujo método normalizado de cálculo foi anexado ao referido decreto-lei, possibilitando a apresentação de exemplos representativos da sua aplicação, requeridos na fase pré-contratual.

O balanço da aplicação deste acervo legislativo demonstra que o mesmo se revelou extremamente importante para o funcionamento do mercado de crédito, tanto a nível nacional como comunitário.

Porém, verificou-se, entretanto, uma evolução profunda – social, política e económica – no espaço europeu. O mercado, ao longo de duas décadas, transformou-se radicalmente: consumidores mais informados e exigentes, novos actores e agentes intermediários, novos métodos na oferta e novas ferramentas – designadamente a Internet. Assim, surgiu a necessidade de uma nova legislação comunitária, que reflectisse, ao nível jurídico, a evolução verificada neste mercado.

Deste modo, o Parlamento Europeu e o Conselho aprovaram a Directiva n.° 2008/48/CE, de 23 de Abril, relativa a contratos de crédito aos consumidores, que exprime a urgência na realização de um mercado comunitário de produtos e serviços financeiros, quer prevendo a uniformização da forma de cálculo e dos elementos incluídos na TAEG, quer reforçando os direitos dos consumidores, nomeadamente o direito à informação pré-contratual. É esta directiva, que revoga os textos comunitários vigentes sobre esta matéria, que o presente decreto-lei vem transpor para o direito interno.

Nesta transposição, destacam-se, de entre as várias medidas adoptadas, a obrigatoriedade, por parte do credor, de avaliar a solvabilidade do consumidor em momento prévio à celebração de contrato, o incentivo à realização de transacções transfronteiriças, assim como a maior eficácia do direito de revogação do contrato de crédito.

A TAEG é objecto de uma uniformização mais adequada, sendo ainda instituída uma ficha específica e normalizada sobre «informação europeia em matéria de crédito a consumidores relativa a descobertos, às ofertas de certas organizações de crédito e à conversão de dívidas».

É instituída uma mais eficaz protecção do consumidor em caso de contratos coligados, configurando-se uma migração das vicissitudes de um contrato para o outro. Mantém-se a responsabilidade subsidiária de grau reduzido do credor, em caso de incumprimento ou de cumprimento defeituoso do contrato de compra e venda ou de prestação de serviços.

Na linha do disposto nos artigos 934.° a 936.° do Código Civil, estabelecem-se novas regras aplicáveis ao incumprimento do consumidor no pagamento de prestações, impedindo-se que, de imediato, o credor possa invocar a perda do benefício do prazo ou a resolução do contrato.

Assinala-se ainda a proibição de consagração de juros elevados, sob pena de usura.

Foi ouvido o Banco de Portugal.

Foi promovida a audição do Conselho Nacional do Consumo.

Foram ouvidos, a título facultativo, a Associação Portuguesa para a Defesa do Consumidor, a Federação Nacional das Cooperativas de Consumidores e a Associação Portuguesa de Bancos.

Assim:

Nos termos da alínea *a*) do n.° 1 do artigo 198.° da Constituição, o Governo decreta o seguinte:

CAPÍTULO I
Objecto, âmbito de aplicação e definições

ARTIGO 1.º
Objecto e âmbito

1 — O presente decreto-lei procede à transposição para a ordem jurídica interna da Directiva n.º 2008/48/CE, do Parlamento Europeu e do Conselho, de 23 de Abril, relativa a contratos de crédito aos consumidores.

2 — O presente decreto-lei aplica-se aos contratos de crédito a consumidores, sem prejuízo das exclusões previstas nos artigos 2.º e 3.º

Comentário em geral

O artigo 1.º limita-se a enunciar o objecto e o âmbito do texto legal em causa.

No n.º 1, faz-se alusão ao art. 27.º, § 3.º, 1.ª frase da Dir. 2008/48/CE – que destaca que "quando os Estados-Membros aprovarem essas disposições, estas devem incluir uma referência à presente directiva ou ser acompanhadas dessa referência aquando da sua publicação oficial" –, à semelhança do que já sucedia no art. 1.º do DL 359/91.

De notar que a directiva em transposição tem natureza diversa da Dir. 87/102/CEE. Enquanto que esta era de "mínimos" – ou seja, "não [se] imped[ia] os Estados-membros de manter ou adoptar disposições mais severas de protecção dos consumidores –, a Dir. 2008/48/CE é de "harmonização máxima".

Tal deve-se ao facto de "a harmonização plena [ser] necessária para garantir que todos os consumidores da Comunidade beneficiem de um nível elevado e equivalente de defesa dos seus interesses e para instituir um verdadeiro mercado interno" (ver Considerando 9, 1.ª frase).

Assim, em princípio, os Estados-Membros não deverão ser autorizados a manter, nem a introduzir outras regras para além das estabelecidas na presente directiva (Considerando 9, 2.ª frase).

Todavia, nalguns casos, a própria directiva permite vias alternativas (cfr., *v.g.*, o Considerando 38).

Claro que se não existirem "essas disposições harmonizadas, os Estados-Membros deverão continuar a dispor da faculdade de manter ou introduzir legislação nacional" (Considerando 9, 4.ª frase).

No n.º 2, destacam-se os contratos a que se destina o diploma, relevando-se ainda a existência de um regime de exclusões.

ARTIGO 2.º
Operações excluídas

1 — O presente decreto-lei não é aplicável aos:

a) **Contratos de crédito garantidos por hipoteca sobre coisa imóvel ou por outro direito sobre coisa imóvel;**

b) **Contratos de crédito cuja finalidade seja a de financiar a aquisição ou a manutenção de direitos de propriedade sobre terrenos ou edifícios existentes ou projectados;**

c) **Contratos de crédito cujo montante total de crédito seja inferior a € 200 ou superior a € 75 000;**

d) **Contratos de locação de bens móveis de consumo duradouro que não prevejam o direito ou a obrigação de compra da coisa locada, seja no próprio contrato, seja em contrato separado;**

e) **Contratos de crédito sob a forma de facilidades de descoberto que estabeleçam a obrigação de reembolso do crédito no prazo de um mês;**

f) **Contratos de crédito em que o crédito seja concedido sem juros e outros encargos;**

g) **Contratos de crédito em que o crédito deva ser reembolsado no prazo de três meses e pelo qual seja devido o pagamento de encargos insignificantes, com excepção dos casos em que o credor seja uma instituição de crédito ou uma sociedade financeira;**

h) **Contratos de crédito cujo crédito é concedido por um empregador aos seus empregados, a título subsidiário, sem juros ou com TAEG inferior às taxas praticadas no mercado, e que não sejam propostos ao público em geral;**

i) Contratos de crédito celebrados com empresas de investimento, tal como definidas no n.° 1 do artigo 4.° da Directiva n.° 2004/39/CE, do Parlamento Europeu e do Conselho, de 21 de Abril, relativa aos mercados de instrumentos financeiros, ou com instituições de crédito, tal como definidas no artigo 4.° da Directiva n.° 2006/48/CE, do Parlamento Europeu e do Conselho, de 14 de Junho, que tenham por objecto autorizar um investidor a realizar uma transacção que incida sobre um ou mais dos instrumentos especificados na secção C do anexo I da Directiva n.° 2004/39/CE, sempre que a empresa de investimento ou a instituição de crédito que concede o crédito intervenha nessa transacção;

j) Contratos de crédito que resultem de transacção em tribunal ou perante outra autoridade pública;

l) Contratos de crédito que se limitem a estabelecer o pagamento diferido de uma dívida preexistente, sem quaisquer encargos;

m) Contratos de crédito exclusivamente garantidos por penhor constituído pelo consumidor;

n) Contratos que digam respeito a empréstimos concedidos a um público restrito, ao abrigo de disposição legal de interesse geral, com taxas de juro inferiores às praticadas no mercado ou sem juros ou noutras condições mais favoráveis para os consumidores do que as praticadas no mercado e com taxas de juro não superiores às praticadas no mercado.

2 — No caso de contratos de crédito na modalidade de facilidade de descoberto que estabeleçam a obrigação de reembolso do crédito a pedido ou no prazo de três meses, são aplicáveis apenas os artigos 1.° a 4.°, o n.° 1 do artigo 5.°, o n.° 4 do artigo 5.°, as alíneas *a*) a *c*) do n.° 5 do artigo 5.°, o n.° 9 do artigo 6.°, os artigos 8.° a 11.°, o n.° 1 do artigo 12.°, o n.° 5 do artigo 12.°, os artigos 15.°, 18.°, 21.° e os artigos 24.° e seguintes.

3 — No caso de contratos de crédito na modalidade de ultrapassagem de crédito, apenas são aplicáveis os artigos 1.° a 4.°, o artigo 23.° e os artigos 26.° e seguintes.

Comentário em geral

Segue-se aqui o modelo da Dir. 2008/48/CE a nível de sistematização. Assim, o artigo 2.° trata das operações excluídas, tal como sucede no art. 2.°, n.ºs 1 a 4 da Dir. 2008/48/CE, que as tipifica. Cremos que teria sido mais ajustado seguir o modelo do DL 359/91, aludindo, em primeiro lugar, às definições e só depois ao regime de exclusões.

Não se efectuaram modificações relevantes no normativo em relação ao texto comunitário, embora tenha sido dada redacção diversa a algumas alíneas (cfr. als. d) e l) do n.º 1), que tratam da locação e do penhor, para melhor se ajustar ao sistema jurídico português.

O número de operações excluídas à luz do revogado DL 359/91 era muito inferior, tendo aumentado agora exponencialmente. Assim, de 6 casos de exclusão passamos, na actualidade, para 13 situações de exclusão. Para além das anteriores possibilidades – que se mantêm, embora algumas com alterações significativas – são agora acrescentadas 7 hipóteses, embora algumas delas fossem, no pretérito, objecto de um regime de exclusão parcial.

Anotação ao n.º 1

[al. a)]

Os contratos de crédito a consumidor garantidos por hipoteca sobre coisa imóvel – aqui não se incluindo as hipotecas sobre bens móveis registáveis (dado que se afastariam do quadro legal um larguíssimo número de contratos de crédito; com efeito, o financiador recorre actualmente cada vez mais a esta figura, em razão de os tribunais portugueses sustentarem, acertadamente, a nulidade da cláusula de reserva de propriedade a favor do financiador – neste sentido, GRAVATO MORAIS, Contratos de crédito ao consumo, Coimbra, 2007, pp. 299 ss. e, esp., pp. 309 ss., "Reserva de propriedade em favor do financiador", CDP, 2004, n.º 6, pp. 49 ss.; diversamente, ISABEL MENÉRES CAMPOS, Cancelamento do registo de reserva de propriedade", Anotação ao Ac. STJ, de 2.2.2006, CDP, 2006, n.º 15, pp. 53 ss. e "Algumas reflexões em torno da cláusula de reserva de propriedade", Estudos em Comemoração do 10.º Aniversário da Licenciatura em Direito da Universidade do Minho, Coimbra, 2004, pp. 645 ss.) – não integram este quadro normativo.

À luz do art. 16.º do DL 359/91 apenas se excluíam alguns preceitos (os arts. 8.º a 11.º, referentes, respectivamente, ao direito de revogação, ao cumprimento antecipado, à cessão de créditos, à utilização de títulos de crédito com função de garantia e à venda de bens ou de prestação de serviços por terceiro). No presente, a não aplicação da lei é total.

Acrescentam-se ainda, por efeito da directiva, os contratos garantidos "por outro direito sobre coisa imóvel". Na verdade, pode haver garantias

Objecto, âmbito de aplicação e definições 15

imobiliárias específicas, como é o caso da venda a retro em relação a bens imóveis (sobre o tema, ver ROMANO MARTINEZ e FUZETA DA PONTE, Garantias de cumprimento, 5.ª Ed., Coimbra, 2006, pp. 245 e 246, embora, como salientam os autores, a figura no domínio imobiliário tenha perdido muito do seu interesse atendendo ao regime fiscal).

[al. b)]

Aos contratos de crédito que se destinam à aquisição ou à manutenção de direitos de propriedade sobre terrenos ou sobre edifícios existentes ou projectados também não se aplica a nova lei.

A regra tem um alcance algo diferente da existente, embora com a mesma *ratio*, mantendo-se os seus pressupostos básicos.

Assim, por um lado, deve estar em causa o direito de propriedade (tal como na al. b) do art. 2.º do DL 359/91) e não um outro direito real.

Por outro lado, para que funcione o regime de exclusão impõe-se que esteja em causa o financiamento da aquisição ou da manutenção de direitos de propriedade (a lei antiga aludia à aquisição, construção, beneficiação, recuperação ou ampliação – al. b) do art. 2.º do DL 359/91).

Acresce que agora se alude a terrenos ou a edifícios (com a particularidade de se fazer menção a "existentes ou projectados", o que aproxima esta regra do art. 410.º, n.º 3 CC).

Diversamente, cai o epíteto "predominante", tornando-se a regra mais abrangente. Qualquer financiamento que preencha os pressupostos assinalados está afastado do campo do DL 133/2009.

De todo o modo, assinale-se o disposto na parte final do Considerando 14 da Dir. 2008/48/CE: "todavia, não deverão ser excluídos do âmbito da presente directiva os contratos de crédito apenas pelo facto de a sua finalidade ser a renovação ou a valorização de prédios existentes".

[al. c)]

Trata-se, em seguida, dos montantes mínimo e máximo, aquém ou a partir dos quais não se emprega o regime do DL 133/2009.

A regra é a do passado, mas os valores consagrados, ou melhor, o montante máximo é bem mais alto que o que constava da anterior lei (passou de aproximadamente 30.000 € para 75.000 €), já que o limiar mínimo pouco se modificou (deixou de ser aproximadamente 150 € para ser 200 €).

As razões que estão na base desta regra são, essencialmente, de política económica. De acordo com esta perspectiva, a concessão de uma tutela ao consumidor abaixo ou acima das somas em apreço importaria consequências bastante onerosas, colocando em risco o equilíbrio social.

Embora as críticas que se fizeram se mantenham no essencial (GRAVATO MORAIS, Contratos de crédito ao consumo, cit., pp. 64 ss.) não deixa de se relevar que o novo valor máximo encontrado permite aplicar o diploma nas situações em que ele mais necessita de ser empregue.

Uma nota para a locução "montante de crédito". O preço do bem de consumo não é aqui relevante, pois o que importa é que o valor mutuado seja inferior à quantia máxima, sendo assim o diploma inteiramente empregue. Note-se ainda que não se pode identificar "o montante do crédito" com o "custo total do crédito", já que neste se integra a totalidade dos encargos do crédito.

[al. d)]

Uma outra exclusão (não inovadora) é a que resulta da celebração de contratos de locação de bens móveis de consumo duradouros que não prevejam o direito ou a obrigação de compra da coisa dada em locação.

Desta sorte, ao mero contrato de aluguer de automóvel ou de um barco não é aplicável este diploma.

Diversamente, se se prevê, nesse contrato de locação, o direito (do locatário) de aquisição da coisa – como ocorre, por exemplo, em sede de locação financeira –, o regime é empregue. A regra aqui é idêntica à da revogada al. a) do art. 3.º do DL 359/91.

Prevê-se ainda uma outra hipótese de aplicação do DL 133/2009: aquela em que o contrato de locação prevê a obrigação (do locatário) de aquisição. Releve-se, de todo o modo, que na Directiva apenas se tem vista esta possibilidade, aludindo a "contratos de aluguer ou de locação financeira que não prevejam uma obrigação de compra do objecto do contrato…" (sublinhado nosso); aliás, as suas várias versões são semelhantes neste aspecto, ao aludir sempre a "obrigação de compra"; o que significa que o texto comunitário se reporta directamente – apenas – aos contratos em causa que prevejam uma tal obrigação.

Ora, os contratos de locação financeira (ou os contratos de aluguer de longa duração) tão só prevêem, de acordo com a lei vigente – o DL 149//95, que estabelece o regime jurídico português da locação financeira –, o direito de aquisição pelo locatário financeiro, aqui consumidor, nunca se suscitando qualquer obrigação deste último. Assim, a transposição lite-

Objecto, âmbito de aplicação e definições 17

ral da al. d) da Directiva suscitaria problemas de inaplicabilidade aos referidos contratos, o que não se teve seguramente em vista. Muito pelo contrário. Desta sorte, à luz da realidade portuguesa, a norma de direito interno contém também a referência a "direito" de compra.

[al. e)]

Atento o curto período de reembolso do crédito (um mês) no caso de estarmos perante um contrato sob a forma de "facilidades de descoberto", não se justifica uma protecção do consumidor.

A disposição tem carácter inovador, embora se possa encontrar (eventualmente) a sua raiz próxima no art. 3.º, al. e) do DL 359/91.

[al. f)]

Prevê-se que ao crédito sem juros e sem outros encargos (*v.g.*, comissões, despesas de abertura de conta) não se aplica esta disciplina de protecção do consumidor.

A regra em causa tem como sua homóloga o art. 3.º, al. d) do DL 359/91.

Compreende-se o propósito do legislador, em razão da gratuitidade do crédito.

Se há lugar ao pagamento de juros ou ao pagamento de encargos, então a tutela do consumidor deve actuar.

Cabe, desde já, assinalar que pode existir em concreto uma extrema dificuldade na apreciação pelo consumidor, leigo em direito e inexperiente economicamente, do carácter gratuito (ou não) do crédito.

Se a importância entregue pelo financiador é exactamente a mesma que está envolvida no reembolso efectuado por este ao credor, dúvidas não se suscitam acerca do carácter não oneroso do crédito.

As soluções não são, todavia, sempre tão lineares. Vejamos uma prática generalizada no nosso país: o fornecedor atribui uma dada quantia às coisas que expõe no seu estabelecimento para venda, no entanto, encontra-se aí já contabilizado o montante do financiamento; pretendendo o consumidor adquirir o mencionado objecto há duas vias: adquire-o a contado, efectuando o vendedor um dado desconto (de 10% ou mais) ou recorre à via creditícia (seja através do próprio vendedor, seja através de um terceiro), de sorte que se mantém intocada a importância fixada (em virtude de o financiamento estar naquele integrado). Ora, este crédito não é gratuito, mas antes oneroso, configurando esta situação, de resto, um caso de fraude à lei.

[al. g)]

Exige-se o preenchimento de três requisitos cumulativos para efeito da exclusão das regras do diploma: que o prazo de reembolso do crédito não seja inferior a 3 meses; que não existem encargos ou, a existirem, que sejam insignificantes; que o credor não seja uma instituição de crédito ou uma sociedade financeira.

A regra encontra expressão no art. 2.°, al. f), 2.ª parte da Dir. 2008/48/CE (conquanto o texto comunitário não se refira, porém, às instituições de crédito e às sociedades financeiras), no revogado art. 3, al. f) do DL 359/91 (a alusão a encargos insignificantes é nova, embora no preceito revogado se aludisse apenas às instituições de crédito; todavia, a doutrina já se pronunciou no sentido de estender às sociedades financeiras a norma – GRAVATO MORAIS, "Do regime jurídico do crédito ao consumo", SI, n.ᵒˢ 286/288, 2000, p. 384) e no art. 283.°, n.° 2, al. d) do Anteprojecto do Código do Consumidor (a regra aqui é semelhante à agora introduzida, com ressalva do requisito "encargos insignificantes").

[al. h)]

Consagra-se aqui uma nova causa de exclusão (com reflexo textual na al. g) do art. 2.° da Dir. 2008/48/CE): o crédito concedido pelo empregador aos seus empregados (*v.g.*, os créditos concedidos pelos bancos aos seus funcionários).

Para efeito do funcionamento da exclusão exige-se, por um lado, que o crédito seja concedido a título subsidiário, já que se o for a título principal a exclusão não opera. Impõe-se ainda que o crédito deva ser reembolsado sem juros ou com uma taxa anual de encargos efectiva global (TAEG) inferior às taxas praticadas no mercado. Por fim, os créditos não podem ser propostos ao público em geral (embora possam ser propostos a um número alargado de pessoas).

A norma, de origem comunitária, pode servir para criar outras situações que visem o afastamento do regime em análise. A figura da fraude à lei pode ter aqui igualmente expressão relevante.

[al. i)]

Afastam-se do presente quadro normativo os contratos de crédito celebrados com empresas de investimento (ou seja, à luz do art. 2.°, n.° 1, al. i) da Dir. 2004/39/CE, "qualquer pessoa colectiva cuja ocupação ou actividade habitual consiste na prestação de um ou mais serviços de investimento a terceiros e/ou na execução de uma ou mais actividades de inves-

Objecto, âmbito de aplicação e definições

19

timento a título profissional", sem prejuízo de se poder incluir empresas que não sejam pessoas colectivas, verificados dados requisitos) ou com instituições de crédito nas seguintes circunstâncias:

- o objecto do contrato consiste na autorização a um investidor a realizar uma transacção;
- a transacção deve incidir sobre um dos seguintes instrumentos (valores mobiliários; instrumentos do mercado monetário; unidades de participação em organismos de investimento colectivo; opções, futuros, *swaps*, contratos a prazo de taxa de juro e quaisquer outros contratos derivados nas inúmeras circunstâncias definidas na secção C do anexo I do referido texto comunitário; instrumentos derivados para a transferência do risco de crédito; e contratos financeiros por diferenças (*financial contracts for diferences*));
- no pressuposto de que qualquer das entidades citadas intervenham nessa transacção.

[al. j)]

De igual sorte, os contratos de crédito que resultem de transacção em tribunal ou perante qualquer entidade pública (por exemplo, as finanças) não estão sujeitos a este diploma.

[al. l)]

Ao contrato de crédito que tenha em vista o pagamento diferido de uma dívida que já existe, no pressuposto de que há apenas uma mera dilação do pagamento sem quaisquer encargos (e naturalmente sem juros), não se aplica, igualmente, este regime.

[al. m)]

Estão ainda afastados do campo de aplicação do diploma os contratos de crédito exclusivamente garantidos por penhor.

Note-se que a versão portuguesa do texto comunitário (art. 2.°, al. k) da Dir. 2008/48/CE) determina a inaplicabilidade da Directiva "aos contratos de crédito para a celebração dos quais o consumidor <u>deva entregar ao mutuante um bem como garantia</u> e nos quais a responsabilidade do consumidor se limite exclusivamente a essa garantia" (sublinhado nosso). Essa necessidade de tradição da coisa reflecte-se em todas as versões. Ora, tal necessidade – de entrega de um bem ao credor como garantia –, à luz da lei interna, apenas existe no caso de penhor. De notar que as versões francesa e italiana, por exemplo, se referem ao penhor ("*bien donné en gage*" e "*bene dato in pegno*"), o que não acontece com a versão portuguesa da Directiva. Por isso, a expressão escolhida.

Não é provável que esta regra seja muito utilizada, em razão de o penhor não prescindir da entrega da coisa, isto mesmo que estejamos, como é o caso, no domínio do direito bancário.

Por outro lado, qualquer outra garantia (pessoal ou real) que se cumule com o penhor no contrato de crédito importa o emprego do diploma.

[al. n)]

Os contratos de crédito de "público restrito" – desde que exista norma de interesse geral que o admita – e no pressuposto de que se verifique uma das seguintes circunstâncias:

- a prática de taxas de juro inferiores às praticadas no mercado;
- a inexistência de juros;
- noutras condições (por confronto com as condições de mercado) mais favoráveis para o consumidor e com taxas de juro não superiores às do mercado.

Anotação ao n.º 2

Estabelece-se um regime de exclusões específico – parcial – para os contratos de crédito sob a forma de "facilidade de descoberto" em que esteja em causa uma obrigação de reembolso do crédito a pedido ou no prazo de 3 meses, tal como se prevê no art. 2.º, n.º 3 da Dir. 2008/48/CE.

Nestes casos, apenas são aplicáveis as seguintes regras do DL 133/2009:

- arts. 1.º a 4.º (objecto e âmbito, operações excluídas, outras exclusões, definições);
- art. 5.º, n.º 1 (regime geral da publicidade e menções publicitárias obrigatórias) e n.º 4 (exigência de informação normalizada), n.º 5, als. a) a c) (conteúdo da informação normalizada: taxa nominal, encargos, montante total do crédito, TAEG);
- art. 6.º, n.º 9 (informações pré-contratuais específicas);
- arts. 8.º a 11.º (informações pré-contratuais nos contratos de crédito sob a forma de facilidade de descoberto; isenção dos requisitos da informação pré-contratual; dever de avaliar a solvabilidade do consumidor; acesso a bases de dados);
- art. 12.º, n.º 1 (forma), n.º 2 (entrega do exemplar), n.º 5 (menções essenciais específicas);

Objecto, âmbito de aplicação e definições 21

- art. 15.º (informação nos contratos de crédito sob a forma de facilidade de descoberto);
- art. 18.º (contrato de crédito coligado);
- art. 21.º (cessão do crédito e cessão da posição contratual do credor);
- arts. 24.º ss. (cálculo da TAEG; actividade e obrigações dos mediadores de crédito; carácter imperativo; fraude à lei; usura; vendas associadas; contra-ordenações; fiscalização e instrução dos processos; resolução extrajudicial dos litígios; norma revogatória; regime transitório; aplicação no espaço; avaliação da execução; entrada em vigor).

Anotação ao n.º 3

Estabelece-se igualmente um regime de exclusões específico – parcial, mas mais limitado – para os contratos de crédito na modalidade de ultrapassagem de crédito, tal como se prevê no art. 2.º, n.º 4 da Dir. 2008/48/CE.

Nestes casos, apenas são empregues as seguintes regras do DL 133/ /2009:
- arts. 1.º a 4.º (objecto e âmbito, operações excluídas, outras exclusões, definições);
- art. 23.º (ultrapassagem do crédito);
- arts. 26.º ss. (carácter imperativo; fraude à lei; usura; vendas associadas; contra-ordenações; fiscalização e instrução dos processos; resolução extrajudicial dos litígios; norma revogatória; regime transitório; aplicação no espaço; avaliação da execução; entrada em vigor).

ARTIGO 3.º
Outras exclusões

Salvo nos casos abrangidos pelo n.º 3 do artigo anterior, só se aplicam os artigos 1.º a 5.º, as alíneas *a*) a *h*) do n.º 3 do artigo 6.º, o n.º 9 do artigo 6.º, os artigos 8.º, 9.º, 11.º, o n.º 1 do artigo 12.º, as alíneas *d*) e *j*) do n.º 2 do artigo 12.º, os artigos 14.º, 16.º, 19.º e 23.º e seguintes aos contratos de crédito em que o credor e o consumidor acordem em cláusulas relativas ao pagamento diferido ou ao modo de reembolso pelo consumidor que esteja em situação de incumpri-

mento quanto a obrigações decorrentes do contrato de crédito inicial, desde que:

a) **Essas cláusulas sejam susceptíveis de evitar a acção judicial por incumprimento; e**

b) **O consumidor não fique sujeito a condições menos favoráveis do que as do contrato de crédito inicial.**

Comentário em geral

Segue-se aqui o art. 2.°, n.° 6 da Dir. 2008/48/CE.

Diversamente, numa outra hipótese prevista no texto comunitário, o legislador abandonou – atenta a liberdade permitida nesse texto – o regime específico de exclusões. Trata-se dos contratos de crédito celebrados por uma organização que: a) seja criada em benefício mútuo dos seus membros; b) não obtenha lucros em benefício de qualquer outra pessoa para além dos seus membros; c) responda a um objecto social imposto pelo direito interno; d) receba e gira apenas as poupanças dos seus membros e proporcione fontes de crédito unicamente aos seus membros; e e) proporcione crédito com base numa taxa anual de encargos efectiva global que seja inferior às taxas praticadas no mercado ou esteja sujeita a um limite estabelecido pelo direito interno, e cuja composição esteja restringida a pessoas que residam ou trabalhem num local específico ou a trabalhadores, incluindo os já reformados, de um determinado empregador, ou a pessoas que preencham outras condições previstas no direito interno para a existência de um elo comum entre os membros (art. 2.°, n.° 5 da Dir. 2008/48/CE).

Anotação

Estabelece-se um regime de exclusões específico – igualmente parcial – para os contratos de crédito em que, em face da dificuldade em proceder ao pagamento por parte do consumidor, haja um acordo entre as partes quanto

– ao pagamento diferido;
– ao modo de reembolso do crédito, sempre que haja incumprimento do consumidor do contrato concluído.

Exigem-se ainda dois requisitos cumulativos. Por um lado, que as cláusulas que consubstanciam esse acordo permitam evitar uma acção por incumprimento. Por outro lado, que o consumidor não veja a sua situação contratual mais agravada.

Objecto, âmbito de aplicação e definições 23

Assim, tal como se prevê no art. 2.º, n.º 6 da Dir. 2008/48/CE, apenas são aplicáveis as seguintes regras do DL 133/2009:

- arts. 1.º a 5.º (objecto e âmbito, operações excluídas, outras exclusões, definições; publicidade);
- art. 6.º, n.º 3, als. a) a h) (menções essenciais);
- art. 6.º, n.º 9 (informações pré-contratuais específicas);
- art. 8.º (informações pré-contratuais nos contratos de crédito sob a forma de facilidade de descoberto);
- art. 9.º (isenção dos requisitos da informação pré-contratual);
- art. 11.º (acesso a bases de dados);
- art. 12.º, n.º 1 (forma), n.º 2 (entrega do exemplar), n.º 3, als. d) e j) (taxa de juros de mora; reembolso antecipado);
- art. 14.º (informação sobre a taxa nominal);
- art. 16.º (extinção dos contratos de crédito de duração indeterminada);
- art. 19.º (reembolso antecipado);
- arts. 23.º ss. (ultrapassagem do limite de crédito em contratos de crédito em conta corrente; cálculo da TAEG; actividade e obrigações dos mediadores de crédito; carácter imperativo; fraude à lei; usura; vendas associadas; contra-ordenações; fiscalização e instrução dos processos; resolução extrajudicial dos litígios; norma revogatória; regime transitório; aplicação no espaço; avaliação da execução; entrada em vigor).

ARTIGO 4.º
Definições

1 — Para efeitos da aplicação do presente decreto-lei, entende-se por:

a) **«Consumidor» a pessoa singular que, nos negócios jurídicos abrangidos pelo presente decreto-lei, actua com objectivos alheios à sua actividade comercial ou profissional;**

b) **«Credor» a pessoa, singular ou colectiva, que concede ou que promete conceder um crédito no exercício da sua actividade comercial ou profissional;**

c) **«Contrato de crédito» o contrato pelo qual um credor concede ou promete conceder a um consumidor um crédito sob a forma de diferimento de pagamento, mútuo, utilização de cartão de crédito, ou qualquer outro acordo de financiamento semelhante;**

d) «Facilidade de descoberto» o contrato expresso pelo qual um credor permite a um consumidor dispor de fundos que excedem o saldo da sua conta corrente;

e) «Ultrapassagem de crédito» descoberto aceite tacitamente pelo credor permitindo a um consumidor dispor de fundos que excedem o saldo da sua conta corrente ou da facilidade de descoberto acordada;

f) «Mediador de crédito» a pessoa, singular ou colectiva, que não actue na qualidade de credor e que, no exercício da sua actividade comercial ou profissional e contra remuneração pecuniária ou outra vantagem económica acordada:

    i) Apresenta ou propõe contratos de crédito a consumidores;

    ii) Presta assistência a consumidores relativa a actos preparatórios de contratos de crédito diferentes dos referidos na subalínea anterior; ou

    iii) Celebra contratos de crédito com consumidores em nome do credor;

g) «Custo total do crédito para o consumidor» todos os custos, incluindo juros, comissões, despesas, impostos e encargos de qualquer natureza ligados ao contrato de crédito que o consumidor deve pagar e que são conhecidos do credor, com excepção dos custos notariais. Os custos decorrentes de serviços acessórios relativos ao contrato de crédito, em especial os prémios de seguro, são igualmente incluídos se, além disso, esses serviços forem necessários para a obtenção de todo e qualquer crédito ou para a obtenção do crédito nos termos e nas condições de mercado;

h) «Montante total imputado ao consumidor», a soma do montante total do crédito e do custo total do crédito para o consumidor;

i) «TAEG — taxa anual de encargos efectiva global» o custo total do crédito para o consumidor expresso em percentagem anual do montante total do crédito, acrescido, se for o caso, dos custos previstos no n.° 4 do artigo 24.°;

j) «TAN — taxa nominal» a taxa de juro expressa numa percentagem fixa ou variável aplicada numa base anual ao montante do crédito utilizado;

l) «Taxa nominal fixa» a taxa de juro expressa como uma percentagem fixa acordada entre o credor e o consumidor para toda a duração do contrato de crédito ou as diferentes taxas de juro fixas acordadas para os períodos parciais respectivos, se estas não forem todas determinadas no contrato de crédito, considera-se que cada taxa de juro fixa vigora apenas no período parcial para o qual tal taxa foi definida;

m) «Montante total do crédito» o limite máximo ou total dos montantes disponibilizados pelo contrato de crédito;

n) «Suporte duradouro» qualquer instrumento que permita ao consumidor armazenar informações que lhe sejam pessoalmente dirigidas, de modo que, no futuro, possa ter acesso fácil às mesmas durante um período de tempo adequado aos fins a que as informações se destinam e que permita a reprodução inalterada das informações armazenadas;

o) «Contrato de crédito coligado» considera-se que o contrato de crédito está coligado a um contrato de compra e venda ou de prestação de serviços específico, se:

i) O crédito concedido servir exclusivamente para financiar o pagamento do preço do contrato de fornecimento de bens ou de prestação de serviços específicos; e

ii) Ambos os contratos constituírem objectivamente uma unidade económica, designadamente se o crédito ao consumidor for financiado pelo fornecedor ou pelo prestador de serviços ou, no caso de financiamento por terceiro, se o credor recorrer ao fornecedor ou ao prestador de serviços para preparar ou celebrar o contrato de crédito ou se o bem ou o serviço específico estiverem expressamente previstos no contrato de crédito.

2 — Não é considerado contrato de crédito o contrato de prestação continuada de serviços ou de fornecimento de bens de um mesmo tipo em que o consumidor tenha o direito de efectuar o pagamento dos serviços ou dos bens à medida que são fornecidos.

Comentário em geral

Segue-se aqui o art. 3.° da Dir. 2008/48/CE, que elenca um leque muito amplo de definições (14).

Na maior parte dos casos, a transposição é muito próxima do texto comunitário.

Do art. 2.° do DL 359/91 constavam apenas 5 conceitos.

Anotação ao n.° 1

[al. a)]

A noção de consumidor acompanha a definição da al. a) do art. 3.°
da Dir. 2008/48/CE, que não se modifica em relação à anterior Dir.
87/102/CEE e ao art. 2.°, n.° 1, al. b) do DL 359/91.

Sistematicamente, há que realçar uma alteração significativa, já que
a noção de consumidor é a primeira (não se encontrando em segundo
lugar, como sucede no art. 2.°, n.° 1, al. b) do DL 359/91). Tal decorre,
segundo cremos, do facto de o regime se designar "contratos de crédito ao
consumidor".

São dois os critérios utilizados no conceito de consumidor: um sub-
jectivo e outro finalista.

Quanto àquele, refira-se que a lei não se aplica se o sujeito não é uma
pessoa física, por exemplo, se se trata de uma associação, de uma funda-
ção ou de uma sociedade comercial; tratando-se de uma "pessoa singular",
importa referir que várias pessoas (físicas) podem ser simultaneamente
sujeitos passivos, enquanto contraentes, num único contrato de crédito.

Quanto a este (o critério finalista), exige-se que a actuação do consumidor resulte de objectivos estranhos à sua actividade comercial ou profissional. Está em equação a finalidade de utilização do objecto financiado. Em tese geral, torna-se difícil formular um critério rígido e absoluto
para sabermos quando o consumidor actua com "objectivos alheios à sua
actividade".

Enunciemos algumas possibilidades:

– actua ele seguramente nestes termos quando age com objectivos
  meramente privados (um advogado adquire a crédito uma apare-
  lhagem de música para sua casa);

– inversamente, uma actuação no quadro da sua actividade afasta a
  sua qualificação de consumidor para efeitos da presente lei (um
  dentista adquire a crédito equipamento dentário para o seu consul-
  tório);

– no caso de "actuação com finalidades mistas" – *v.g,* o comprador
  (advogado) utiliza o automóvel adquirido a crédito no exercício
  da sua actividade e simultaneamente para uso pessoal –, o critério
  mais adequado parece ser o do "fim predominante" (JUAN JOSÉ
  MARIN LÓPEZ, "El ámbito de aplicación de la Ley de Crédito al
  Consumo", em Crédito al Consumo y Transparenza Bancaria,
  Madrid, 1998, p. 95), de sorte que a destinação preponderante de

utilização do bem, seja ela pessoal ou profissional, impõe ou exclui a aplicação do regime;
– no caso de o crédito servir a aquisição de dois objectos, um destinado a uso pessoal (*v.g.* um televisor) e outro para uso profissional (*v.g.,* máquina industrial) – utilização mista do crédito –, há que considerar apenas a parte do crédito utilizada para fins pessoais, pois só aqui se aplica a disciplina em apreço.

Ver ainda sobre a noção de consumidor, cfr. Carlos Ferreira de Almeida, Direito do Consumo, Coimbra, 2005, pp. 44 ss. Fernando Baptista Oliveira, A noção de consumidor. Perspectivas nacional e comunitária. Coimbra, 2009.

[al. b)]

A importância do "credor" é também relevada no quadro da presente lei, já que "ascende" ao segundo lugar, na hierarquia das definições. Não há, de igual sorte, significativas alterações no conceito, apenas algumas modificações pontuais (alude-se à concessão de crédito, mas também à promessa de concessão).

São dois os requisitos de que depende a qualificação de credor. Abarca-se qualquer pessoa jurídica (singular ou colectiva). Por outro lado, pressupõe-se uma concessão de crédito no exercício da sua actividade comercial ou profissional. Não se exige, porém, que a concessão de crédito seja uma actividade principal ou mesmo habitual do credor.

Não se acolheu, em termos gerais, o disposto na 2.ª parte do Considerando 15 que refere: "todavia, a presente directiva não afecta o direito dos Estados-Membros limitarem, no respeito do direito comunitário, a concessão de crédito ao consumidor apenas a pessoas colectivas ou a determinadas pessoas colectivas".

[al. c)]

Cai para terceiro lugar – na ordem seguida – a definição de contrato de crédito, diversamente do que acontecia na lei revogada (cfr. o art. 2.º, n.º 1, al. a) do DL 359/91), embora continue a ser o ponto central e de destaque do regime, pois tal conceito, para além de constituir o pólo aglutinador, tem por função delimitar o âmbito de aplicação do diploma, servindo de critério-base no leque de operações excluídas.

Em termos formais, a noção é semelhante à existente, embora se devam realçar algumas especificidades (cfr. as als. d) e f), tratadas em especial na nota seguinte).

A lei enumera as operações de crédito ao consumo, referindo-se, em primeiro lugar, à concessão de crédito sob a forma de "diferimento de pagamento". Visou-se com esta locução a *facti-species* negocial típica, ou seja, a compra e venda a prestações, mecanismo tradicional de concessão de crédito ao consumo. Mas o leque de operações aqui contemplado é muito mais abrangente, já que, por exemplo, um contrato de prestação de serviços em que exista uma dilação quanto ao pagamento do preço é susceptível de ser qualificado como contrato de crédito ao consumo.

Em seguida, alude-se ao "mútuo" (de dinheiro), seja este finalizado ou livre. Deve aqui igualmente incluir-se o contrato de abertura de crédito (simples ou em conta corrente), atenta a afinidade entre tais contratos.

É ainda conferido particular relevo à "utilização de cartões de crédito", o que continua a primar pela originalidade em relação aos textos comunitários (a Dir. de 2008 e a Dir. de 1987), mas que na actualidade não suscita quaisquer divergências na doutrina quanto à sua integração (de resto, são feitas muitas menções a este especial mecanismo de concessão de crédito ao consumidor – ver, por exemplo, o Considerando 16, parte final).

Por fim, alude-se a um "qualquer outro acordo de financiamento semelhante". Tal locução tem uma "natureza residual", visto que engloba todas aquelas hipóteses não previstas nos outros tipos e abarca todas as modalidades de concessão de crédito, "independentemente da forma jurídica utilizada e do tipo de contrato".

Assim, por exemplo, a locação financeira, o aluguer de longa duração e a locação-venda – no pressuposto de que, em qualquer dos casos, estejam em causa móveis de consumo duradouros –, configuram, entre outros, contratos de crédito nos termos da presente lei (cfr. art. 2.º, n.º 1, al. d) e art. 2.º, n.º 1, al. d), a *contrario sensu*, do DL 133/2009).

[al. d)]

Confere-se especial destaque, no leque dos contratos de crédito, à "facilidade de descoberto". Tal emerge da noção específica resultante desta alínea e da sua autonomização conceptual.

Este relevo justifica-se pelas especificidades de regimes constantes do presente diploma (cfr. o art. 2.º, n.º 2, quanto à facilidade de descoberto com obrigação de reembolso no prazo de 3 meses, e o art. 15.º, no tocante à facilidade de descoberto em geral).

Objecto, âmbito de aplicação e definições 29

Na noção de facilidade de descoberto – similar à da al. d) do art. 3.º da Dir. 2008/48/CE –, há que destacar três aspectos:

- deve tratar-se de um "contrato expresso", afastando-se portanto da definição os acordos tácitos;
- a existência de uma mera "disponibilidade de fundos", o que significa a possibilidade de o consumidor poder vir a utilizar tais fundos, que apenas se põem à sua disposição;
- tais fundos devem ir para além do saldo da conta corrente do consumidor.

Como realçamos, há mais do que uma disciplina aplicável à facilidade de descoberto.

Podem integrar estes contratos de crédito, *v.g.*, o contrato de emissão de cartão de débito que permite ao respectivo titular utilizar o cartão para além do saldo da respectiva conta-cartão, a habitualmente designada "conta-ordenado".

[al. e)]

Dá-se ainda particular realce, no quadro dos contratos de crédito, a uma outra modalidade contratual: à "ultrapassagem de crédito". Isso resulta igualmente da definição específica e autónoma que consta da alínea em causa.

Encontra justificação na disciplina própria a que está sujeita tal modalidade (cfr. o art. 2.º, n.º 3, quanto ao regime em geral, o art. 23.º, relativo à ultrapassagem do limite de crédito em contratos de crédito em conta corrente).

Na noção de ultrapassagem de crédito, que está, como emerge da própria noção, muito próxima da definição de "facilidade de descoberto" – e que é semelhante à da al. e) do art. 3.º da Dir. 2008/48/CE –, há que destacar três aspectos:

- é um descoberto aceite tacitamente;
- a existência de uma disponibilidade de fundos;
- tais fundos devem exceder o saldo da conta corrente do consumidor ou o saldo da facilidade de descoberto acordada;

Trata-se, portanto, de um descoberto. Todavia, não é um descoberto acordado expressamente, mas apenas de modo tácito, em razão da confiança que um dado consumidor merece perante aquele credor. Pode, por outro lado, ser um descoberto "tácito" sobre o "descoberto acordado [de modo expresso]".

Podem integrar a ultrapassagem de crédito os contratos de crédito que acima relevamos para a "facilidade de descoberto".

[al. f)]

Introduz-se um novo conceito de mediador de crédito, tal como consta do texto comunitário (art. 3.°, al. f) da Dir. 200/48/CE). A figura já existia no revogado DL 359/91, que lhe fazia referências pontuais em dois números, sob a designação de "intermediário do credor" (art. 4.°, n.° 4, proémio) de "intermediário para a celebração de contratos de crédito" (art. 5.°, n.° 1), embora não existisse qualquer noção legal. Note-se que estas designações são próximas do nome que consta da versão portuguesa da Dir. 2008/48/CE, que não foi acolhido no diploma em comentário.

A noção de mediador de crédito integra 5 elementos cumulativos. Todavia, a verificação do quinto elemento pode advir do preenchimento de uma de três hipóteses.

Enunciemos os quatro elementos:
– pode ser uma pessoa singular ou colectiva, tal como o credor;
– não deve actuar [também] como credor, tal como este se encontra definido na presente lei (portanto, o credor não pode ser simultaneamente mediador, podendo debater-se se pode ser uma sociedade dele dependente; cremos que não, dado que estaríamos perante um caso de fraude à lei);
– deve actuar no exercício da sua actividade profissional ou comercial;
– deve prestar um serviço contra remuneração pecuniária ou contra uma vantagem económica acordada, de qualquer índole (assim, só a mediação praticada de forma absolutamente gratuita, sem qualquer contrapartida, não integra os parâmetros desta definição).

Quanto ao último elemento, enumeram-se três vias (alternativas) para o concretizar, bastando que uma deles se preencha. Assim, é suficiente que
– apresente ou proponha contratos de crédito a consumidores (*v.g.*, o mediador tem contratos de crédito em seu poder, auxilia no preenchimento, remete-os para o credor); ou
– preste assistência a um consumidor quanto a actos preparatórios relativos a contratos de crédito (*v.g.*, a prática daqueles actos em relação a outros contratos de crédito que não os referidos naquele sub-pressuposto); ou
– celebre contratos de crédito em nome do credor (trata-se aqui, a nosso ver, de o mediador ser um representante do credor na con-

clusão de contratos de crédito; embora o diploma não o refira expressamente, cremos que a actuação do mediador se deve pautar dentro dos limites dos poderes que lhe competem, tal como resulta do art. 258.° CC).

[al. g)]

Define-se ainda, tal como se fazia na al. d) do n.° 1 do art. 2.° do DL 359/91, o que se entende por custo total do crédito para o consumidor". Só que a noção actual dá-nos indicações mais pormenorizadas relativas a esse custo, tal como isso é reflectido na al. g) do art. 3.° da Dir. 2008/48/CE.

Com efeito, se está naturalmente envolvida a totalidade dos custos, especifica-se agora que integram elementos de vária ordem, incluindo-se todos os encargos ligados ao contrato de crédito. Faz-se, porém, uma ressalva: deve o credor conhecê-los. Esta é a regra. Todavia, há um desvio a realçar: os custos notariais não integram este custo, não representando para este efeito um encargo para o consumidor.

Uma nota final para os custos relativos a serviços acessórios "ligados" ao contrato de crédito (especialmente, os contratos de seguro e os respectivos prémios). Utiliza-se aqui o critério da necessidade para a obtenção do crédito como fundamento da integração do respectivo encargo no custo total do crédito.

[al. h)]

Dá-se um novo conceito, o de "montante total imputado ao consumidor", tal como decorre da al h) do art. 3.° da Dir. 2008/48/CE.

Contempla dois elementos que se devem adicionar para obter o conceito:

– o montante total do crédito;
– o custo total do crédito.

Ver, sobre este aspecto, o art. 5.°, n.° 5, al. f), o art. 6.°, n.° 3, al. g) e a remissão efectuada para este último preceito pelo art. 12.°, n.° 3 do diploma em análise.

[al. i)]

Define-se, tal como se fazia na al. e) do n.° 1 do art. 2.° do DL 359/91, o que se entende por TAEG. Naturalmente que esta representa o custo total do crédito em termos percentuais.

Esclarece-se apenas nesta noção, tal como o faz a al. g) do art. 3.° da Dir. 2008/48/CE, que os custos assinalados no art. 24.°, n.° 4 deste diploma podem integrar essa percentagem, se foram aplicáveis ao caso.

[al. j)]

O conceito de taxa nominal (TAN) é outra das novidades da presente lei, na esteira da al. j) do art. 3.º da Dir. 2008/48/CE, embora a versão portuguesa aludisse a "taxa devedora", sem que daí constasse qualquer sigla.

Reflecte-se este novo conceito em vários momentos do diploma, destacando-se o art. 6.º, n.º 3, al. f) e o art. 12.º, n.º 3, proémio, que para aquele remete. Cremos de todo o modo que a existência de duas informações distintas – TAEG e TAN (sendo aquela sempre superior) – pode gerar alguma confusão no consumidor pouco informado, atenta a diferença entre as taxas.

[al. l)]

O conceito de taxa nominal fixa é igualmente novo, sendo o resultado da transposição da al. k) do art. 3.º da Dir. 2008/48/CE.

Podem assinalar-se duas fórmulas para conseguir obter, consoante os casos, uma tal taxa, expressa sempre em percentagem.

Assim, numa primeira modalidade, especifica-se que
– se trata de uma única taxa de juros fixa;
– vigora pelo período de duração do contrato;
– é convencionada entre as partes.

Num segundo tipo, destaca-se que
– se trata de diferentes taxas de juros fixas;
– vigoram para distintos períodos parciais do contrato.

Sucede que, nesta hipótese, há ainda duas possibilidades, já que as distintas taxas
– resultam de um acordo entre as partes na sua totalidade (em relação aos diversos períodos); ou
– na falta de determinação de todas as taxas parciais, considera-se que cada taxa "é fixada apenas para os períodos parciais relativamente aos quais as taxas devedoras são determinadas exclusivamente através de uma percentagem fixa específica no contrato de crédito" (al. l) do art. 3.º da Dir. 2008/48/CE).

Utilizando um argumento a *contrario sensu* decorre daqui igualmente o conceito de taxa nominal variável.

[al. m)]

A noção de suporte duradouro, expressa já em vários diplomas internos (*v.g.*, o art. 2.º, al. d) do DL 143/2001), emerge de inúmeros textos

Objecto, âmbito de aplicação e definições 33

comunitários, não sendo este uma excepção (al. m) do art. 3.° da Dir. 2008/48/CE). Não há aqui particularidades.

Assim, integram tal conceito, em especial, as "disquetes informáticas, o CD-ROM, o DVD, bem como o disco duro do computador que armazene o correio electrónico" (cfr. o § 2 do Preâmbulo do DL 95/2006, de 29 de Maio).

[al. n)]

A última alínea deste número traz uma outra novidade com significativa expressão. Dá-se aí a noção de contrato de crédito coligado (ou, como resultava da versão portuguesa da Dir. 2008/48/CE, "contrato de crédito ligado"), reproduzindo-se, em larga medida, mas com alguns ajustamentos de redacção, o citado texto comunitário.

Na nossa ordem jurídica, por via do DL 359/91, existiam 2 conceitos de unidade económica bem díspares, para além de um outro, que emergia do art. 8.°, n.° 4 e do art. 19.°, n.° 4 do DL 143/2001 (e do art. 16.°, n.° 6 do DL 275/93, de 5 de Agosto) – o que se criticava (GRAVATO MORAIS, União de contratos de crédito e de venda para consumo, Estudos de Direito do Consumidor, n.° 7, 2005, pp. 300 ss. e "Unidade económica dos contratos", Sub Judice, n.° 36, 2007, pp. 19 ss.) –, ao contrário do que sucede, por exemplo, na Alemanha. Com efeito, uma única definição de unidade económica (*wirtschaftiche Einheit*) foi formada, desde meados do séc. XX, doutrinal e jurisprudencialmente, e depois transportada para a *Verbraucherkreditgesetz* (em 1991), matéria que actualmente consta do BGB (§§ 358, Abs. 3, S. 1 e 2 e 359 BGB), na sequência da reforma do direito das obrigações de 2001.

Actualmente, acolhe-se uma noção única de contrato coligado. É uma medida assinalável, até porque o conceito é amplo, tendo em vista uma maior protecção do consumidor.

Em primeiro lugar, cumpre referir que, no proémio da alínea em comentário, se destaca a conexão que existe entre dois contratos (sendo, do ponto de vista literal, o de crédito que "está coligado" ao de compra e venda).

Relevam-se, por outro lado, dois requisitos, que se aproximam – embora com algumas especialidades – dos pressupostos contidos no art. 12.°, n.° 1 do DL 359/91, conjugados com elementos circunstanciais do art. 8.°, n.° 4 e do art. 19.°, n.° 4 do DL 143/2001.

Vejamos o primeiro desses pressupostos.

Semelhantemente ao art. 12.º, n.º 1, 1.ª parte do DL 359/91, que assinalava "*se o crédito for concedido para financiar o pagamento de um bem vendido por terceiro*", a actual subalínea i) refere que "*se o crédito concedido servir exclusivamente para financiar o pagamento do preço do contrato de fornecimento de bens ou de prestação de serviços específicos*". Há, como se constata, uma forte similitude de textos.

Este requisito – que tem forte influência alemã, que remonta já a meados do sec. XIX e que encontra expressão actual no § 358, Abs. 3, S. 1 BGB, anterior § 9, Abs. 1, S. 2 *Verbraucherkreditgesetz* ("se o empréstimo serve, total ou parcialmente, o financiamento do preço da compra" – *wenn das Darlehen ganz oder teilweisen der Finanzierung das anderen Vertrags dient*) – era conhecido dominantemente pela doutrina como "designação finalista do crédito".

Deve dizer-se que este pressuposto se retira da relação jurídica existente entre credor e consumidor, seja do próprio contrato celebrado, designadamente se dele constar uma "cláusula de fim", seja das conversas – presenciais ou não – havidas entre eles.

Acontece que agora se adiciona, por um lado, o advérbio "exclusivamente". O que se pretende com isso é que o crédito sirva apenas e tão só para financiar a aquisição ou a prestação de serviços. Para além disso, o qualificativo específico parece ainda delimitar, embora com menor densidade, o campo de aplicação da norma.

Assim, se porventura o crédito servir para financiar mais do que uma compra, o que sucede por exemplo no caso dos contratos de emissão de cartão de crédito, não parece haver lugar à aplicação das consequências da união de contratos.

De igual sorte, nos "créditos sem destinação", porque o consumidor pode dispor do valor emprestado livremente os efeitos da conexão contratual não se verificam.

Nestes casos, os contratos não são coligados.

Cremos que se mantém o carácter amplo do requisito, conferindo-se, por via dele, uma protecção lata ao consumidor. Nestes termos, apesar das pontuais limitações enunciadas, apenas num número restrito de casos o pressuposto não se verifica. Em regra, o financiador tem conhecimento da finalidade do mútuo, que servirá uma dada aquisição".

Segue-se um segundo e último pressuposto: o da unidade económica dos contratos (cfr. subalínea ii)), deixando-se cair a locução "unidade comercial", que consta da versão portuguesa do texto comunitário.

O requisito sempre assim foi designado na lei germânica (*wirtschaftliche Einheit*), sendo conhecido na doutrina e na jurisprudência desde há longa data nesses termos (ver, entre outros, FRANZ JOSEF SCHOLZ, Ratenkreditverträge, München, 1983, pp. 130 e 131, KLAUS HOPT e PETER MÜLBERT, "Vorbermerkung zu §§ 607 BGB ff.", J. von Staudingers Kommentar zum Bürgerlichen Gesetzbuch mit Einführungsgesetz und Nebengesetzen, 12. Aufl., Berlin, 1989, pp. 228 ss.), sendo aí tratado do ponto de vista objectivo (BARBARA DAUNER-LIEB, "Verbraucherschutz bei verbundenen Geschäften (§ 9 VerbrKrG)", WM, Sonderbeilage 6/1991), como agora decorre expressamente da subalínea ii) em análise). No nosso direito, também assim se nomeava o requisito (cfr. CARLOS FERREIRA DE ALMEIDA, Direito do Consumo, Coimbra, 2005, p. 191, GRAVATO MORAIS, "A unidade económica dos contratos", Sub Judice, n.° 36, 2006, pp. 19 ss., MENEZES LEITÃO, "O crédito ao consumo. O seu regime actual e o regime proposto peo Anteprojecto do Código do Consumidor, Sub Judice, n.° 36, 2006, pp. 16 e 17).

Seguidamente, enumeram-se, a título exemplificativo – tal e qual sucede na lei alemã –, duas hipóteses que configuram uma unidade económica, consoante estejam em causa apenas duas partes (fornecedor e consumidor) ou igualmente um terceiro financiador, o que será a regra.

A primeira via, já decorrente do actual art. 8.°, n.° 4 e do art. 19.°, n.° 4 do DL 143/2001, provém do texto alemão, o § 358, Abs. 3, S. 2 BGB que, num dos exemplos-regra da unidade económica, integra o financiamento pelo próprio vendedor (ver, sobre este parágrafo, PALANDT/*HEINRICHS*, Gesetz zur Modernisierung des Schuldrechts, 61. Aufl., München, 2002, pp. 231 ss.). Basta assim que esse financiamento exista – celebrando-se os dois contratos entre as duas partes – para que se verifique a unidade económica.

A segunda situação pressupõe o financiamento por terceiro e, portanto, a celebração de dois contratos entre três sujeitos distintos.

Enumeram-se aí – também exemplificativamente – duas hipóteses. Concretizemos.

Por um lado, se houver na preparação ou na conclusão do contrato de crédito uma colaboração do fornecedor em razão de o credor a ele recorrer. É, no fundo, uma situação similar à que decorre da parte final do n.° 1 do art. 12.° do DL 359/91: "sempre que exista qualquer tipo de colaboração entre o credor e o vendedor *na preparação ou na conclusão do contrato de crédito*" (itálico nosso).

O auxílio entre os citados sujeitos pode ocorrer em momentos diversos, seja na fase de preparação do contrato de crédito, seja apenas ao tempo da sua conclusão.

Cabe dar nota de alguns modos de colaboração, já assimilados na nossa prática e na nossa jurisprudência:

- a informação dada pelo vendedor ao consumidor acerca de um contrato de crédito (*v.g.*, por via das tabelas que dispõe referentes aos montantes das prestações a pagar ou das brochuras relativas a modos distintos de financiamento);
- a posse pelo vendedor de formulários de pedidos de crédito e até de contratos de crédito, o auxílio no seu preenchimento, a recolha de elementos do consumidor para posterior envio ao financiador;
- a inexistência de um contacto directo entre o consumidor e o financiador;
- as circunstâncias de tempo e de lugar da conclusão dos contratos.

Enuncia-se seguidamente uma outra possibilidade: basta que o bem ou o serviço específicos estejam expressamente previstos no contrato de crédito. Este exemplo-regra é novo, em relação à fonte inspiradora da Dir. 2008/48/CE – a lei alemã –, e é de certa forma contraditório. Isto porque o requisito enunciado na subalínea i), que tem índole diversa, já o contempla. Portanto, a previsibilidade no contrato de crédito – o que é muito usual – do destino do crédito serve agora também o requisito da unidade económica.

Como se constata, cai assim o conceito de unidade económica qualificada, constante do art. 12.º, n.º 2, al. a) do DL 359/9, que, entre outros elementos, impunha a existência de um acordo de colaboração prévio e exclusivo entre credor e vendedor. O elemento exclusividade – que entendíamos de modo alternativo, ou seja, mostrava-se suficiente que uma das partes cooperasse unicamente com a outra – colocava fortes entraves à aplicação do regime, porque o fornecedor frequentemente colabora com mais do que um credor e ainda em sede probatória. A protecção do consumidor a crédito torna-se agora muito mais ampla. Prescinde-se de uma cooperação qualificada, o que torna os efeitos da união de contratos muito mais amplos e, consequentemente, o regime largamente protector do consumidor.

Note-se que podem caber no âmbito desta coligação de contratos, tal como no passado, o mútuo para consumo, a locação financeira para consumo ou o aluguer de longa duração para consumo, entre outros.

Anotação ao n.º 2

A exclusão consagrada consta já do art. 2.º, n.º 2 do DL 359/91, não tendo portanto carácter de novidade.

Esta exclusão tem cariz diverso dos restantes casos citados, já que não há aqui qualquer concessão de crédito. Não se distinguem o tipo de serviços, pelo que é indiferente que sejam públicos ou privados. Tem-se em vista fundamentalmente os contratos de prestação de serviços de uso doméstico, tais como os relativos à água, ao gás, à electricidade ou à subscrição de canais de televisão por cabo.

Nestas situações, a prestação é executada continuadamente, sendo que no termo de um dado prazo (em regra, mensal) o consumidor paga o preço na totalidade, correspondendo o valor entregue ao serviço efectivamente fornecido durante um certo período.

A regra alude agora, o que não acontecia no revogado preceito, a bens. Pense-se na subscrição pelo consumidor de uma enciclopédia que contém vários volumes (sem que haja financiamento). O pagamento de bens à medida em que são fornecidos também não configura um contrato de crédito sujeito ao regime em comentário.

CAPÍTULO II
Informação e práticas anteriores à celebração do contrato de crédito

ARTIGO 5.º
Publicidade

1 — Sem prejuízo das normas aplicáveis à actividade publicitária em geral e do disposto no Decreto–Lei n.º 57/2008, de 26 de Março, que transpõe para a ordem jurídica interna a Directiva n.º 2005/29/CE, do Parlamento Europeu e do Conselho, de 11 de Maio, a publicidade ou qualquer comunicação comercial em que um credor se proponha conceder crédito ou se sirva de um mediador de crédito para a celebração de contratos de crédito deve indicar a TAEG para cada modalidade de crédito, mesmo que este seja apresentado como gratuito, sem juros ou utilize expressões equivalentes.

2 — Se, em função das condições concretas do crédito, houver lugar à aplicação de diferentes TAEG, todas devem ser indicadas.

3 — A indicação da TAEG que, pelo seu tratamento gráfico ou áudio-visual, não seja, em termos objectivos, legível ou perceptível pelo consumidor, não cumpre o disposto nos números anteriores.

4 — A publicidade a operações de crédito reguladas pelo presente decreto-lei em que se indique uma taxa de juro ou outros valores relativos ao custo do crédito para o consumidor deve incluir informações normalizadas nos termos do presente artigo.

5 — As informações normalizadas devem especificar, de modo claro, conciso, legível e destacado, por meio de exemplo representativo:

a) A taxa nominal, fixa ou variável ou ambas, juntamente com a indicação de quaisquer encargos aplicáveis incluídos no custo total do crédito para o consumidor;

b) O montante total do crédito;

c) A TAEG;

d) A duração do contrato de crédito, se for o caso;

e) O preço a pronto e o montante do eventual sinal, no caso de crédito sob a forma de pagamento diferido de bem ou de serviço específico; e

f) O montante total imputado ao consumidor e o montante das prestações, se for o caso.

6 — Se a celebração de contrato relativo a um serviço acessório ao contrato de crédito, nomeadamente o seguro, for necessária para a obtenção do crédito ou para a obtenção do crédito nos termos e nas condições de mercado, e o custo desse serviço acessório não puder ser antecipadamente determinado, deve igualmente ser mencionada, de modo claro, conciso e visível, a obrigação de celebrar esse contrato, bem como a TAEG.

Comentário em geral

Segue-se aqui, em larga medida, o art. 4.º da Dir. 2008/48/CE, no tocante às informações normalizadas a incluir na publicidade.

O art. 5.º do DL 359/91 teve uma primeira versão, que depressa se tornou antiquada, tendo sido o DL 82/2006, de 3 de Maio a dar nova redacção à norma, tornando-a bem mais eficaz.

Ora, a Directiva 2008/48/CE não confere uma protecção tão elevada ou, pelo menos, tão pormenorizada quanto à indicação da TAEG. As regras do art. 5.º mantiveram-se, especialmente os três primeiros números (na redacção mais recente da norma), o que se mostra possível atendendo à parte final do Considerando 18. Afirma-se aí que "além disso [do que está previsto na Dir. 2008/48/CE], os Estados-Membros deverão ser livres de prever, na respectiva legislação nacional, requisitos relativos à informação no que se refere à publicidade que não contenha informação sobre os custos do crédito".

Anotação ao n.º 1

Em primeiro lugar, efectua-se uma remissão para o regime geral da publicidade – que já constava do art. 5.º, n.º 1, parte inicial do DL 359/91, com a redacção dada pelo DL 82/2006, de 3 de Maio. Sem prejuízo das normas consagradas na própria Constituição da República Portuguesa (art. 60.º, n.º 2) e na própria Lei de Defesa do Consumidor (art. 7.º, n.ºs 4 e 5 da Lei 24/96, de 31 de Julho), saliente-se o Código da Publicidade – DL 330/90, de 23 de Outubro, já por 12 vezes alterado, a última das quais pelo DL 57/2008, de 26 de Março – ver CARLOS FERREIRA DE ALMEIDA, Direitos do Consumidor, Coimbra, 1982, e "Contratos de publicidade", SI, 1994, pp. 281 ss.

Só depois se regula especificamente a publicidade no crédito ao consumidor.

Nesta sede, relevam-se sobretudo as mensagens publicitárias, as quais envolvem uma qualquer forma de comunicação, usando distintos e variados suportes – sejam os meios impressos em textos (jornais, revistas, painéis publicitários), sejam os meios audio-visuais (televisão, rádio).

Em tais mensagens, que podem ser realizadas pelo credor ou pelo mediador de crédito, no exercício das respectivas actividades, em qualquer caso e independentemente da alusão à taxa de juro ou a outro qualquer valor, obriga-se o anunciante (o dador de crédito ou o intermediário na celebração de contratos) a assinalar a TAEG. O objectivo primordial é o de assegurar uma eficaz transparência das mensagens publicitárias dirigi Afirma-se ainda a obrigatoriedade da indicação da TAEG em várias circunstâncias.

Por um lado, no tocante a cada modalidade de crédito a que a mensagem publicitária se circunscreve. Assim, se numa dada mensagem é feita alusão a vários produtos, ou melhor, a vários contratos de crédito (*v.g.,* a um contrato de emissão de cartão de crédito, a um contrato de mútuo ou a um contrato de abertura de crédito), impõe-se a menção da citada taxa quanto a todos os negócios que daquela são objecto. E parece-nos dever entender-se que, sendo referenciada apenas uma única taxa, embora mais do que um contrato, aquela valerá, em princípio, para todos eles. A omissão deve beneficiar, em caso de dúvida, o consumidor.

Note-se que a menção a efectuar é independente do tipo de crédito em causa. Determina-se, pois, que a mensagem publicitária, conquanto "apresente o crédito como gratuito, sem juros ou utilize expressões equivalentes", deve indicar a TAEG.

Em relação a esta última hipótese, pode dizer-se que, numa análise inicial, parece haver alguma contradição no texto legislativo, porquanto o *crédito gratuito* (bem como o *crédito sem juros não rateado*) se encontra(m) excluído(s) do regime jurídico (ver o anterior art. 3.°, al. d) DL 359/91).

Mas esta linear conclusão é falaciosa. Pretende-se tutelar duas situações distintas: a publicitação do crédito (efectivamente) gratuito, exigindo-

-se aí a aposição da TAEG, ainda que esta seja igual a zero; a publicitação do crédito apresentado como gratuito, conquanto ele seja realmente oneroso.

Mesmo assim considerando, pode discutir-se a eficácia do normativo quanto a esta reiterada prática negocial.

Quanto às consequências da violação das regras publicitárias, cfr. Carlos Ferreira de Almeida, Texto e enunciado na teoria do negócio jurídico", II, Coimbra, 1992, pp. 916 ss., e Gravato Morais, Contratos de crédito ao consumo, cit., pp. 94 ss.

Anotação ao n.° 2

Mantém-se o regime do revogado n.° 2 do art. 5.° do DL 359/91.

Assim, sendo usadas diferentes TAEG, em razão das condições específicas do financiamento, todas elas devem ser obrigatoriamente anunciadas (cfr. o anterior art. 5.°, n.° 2 DL 359/91).

Por exemplo, se se publicita, relativamente a um dado mútuo de dinheiro, as condições de crédito em função de diversos períodos contratuais (3.000 €, 24 meses, TAEG igual a 7,23%; 10.000 €, 36 meses, TAEG igual a 8,45%). A aplicação de diversas taxas importa a sua concreta alusão.

Anotação ao n.° 3

Deste número resulta, no essencial, que os caracteres usados na mensagem de texto devem ser perfeitamente identificáveis e cognoscíveis pelo beneficiário do crédito. Assim, na mensagem publicitária inserida num jornal não pode indicar-se a TAEG, usando letras de tamanho muito reduzido, quando o restante anúncio se apresenta com caracteres distintos e amplamente visíveis, tal como na comunicação publicitária áudio, o anunciante está impedido de fazer menção à TAEG de modo imperceptível, *v.g.,* aludindo àquela com extrema rapidez.

Anotação ao n.° 4

Inicia-se neste número a transposição do art. 4.° da Dir. 2008/48/CE, relevando os casos em que se deve incluir uma informação normalizada: quando se indique uma taxa de juros ou outros valores relativos ao crédito.

Anotação ao n.° 5

Elencam-se um conjunto de menções que devem constar da publicidade efectuada, que são todas aquelas que assumem carácter decisivo para a tomada de consciência do consumidor do contrato de crédito (a celebrar eventualmente no futuro), permitindo-lhe o confronto com outras possibilidades.

Anotação ao n.° 6

Impõe-se o destaque, ao nível da publicidade do crédito, dos custos de serviços acessórios ao contrato de crédito, especialmente os encargos com os contratos de seguro.

O relevo destes serviços acessórios perpassa por várias normas deste diploma, a saber. Cfr. o art. 6.°, n.° 3, al. l), o art. 6.°, n.° 9 e o art. 18.°, n.° 5.

ARTIGO 6.°
Informações pré-contratuais

1 — Na data de apresentação de uma oferta de crédito ou previamente à celebração do contrato de crédito, o credor e, se for o caso, o mediador de crédito devem, com base nos termos e nas condições oferecidas pelo credor e, se for o caso, nas preferências expressas pelo consumidor e nos elementos por este fornecidos, prestar ao consumidor as informações necessárias para comparar diferentes ofertas, a fim de este tomar uma decisão esclarecida e informada.

2 — Tais informações devem ser prestadas, em papel ou noutro suporte duradouro, através da ficha sobre «Informação normalizada europeia em matéria de crédito a consumidores», constante do anexo II ao presente decreto—lei, que dele faz parte integrante.

3 — As informações em causa devem especificar:

a) **O tipo de crédito;**

b) **A identificação e o endereço geográfico do credor, bem como, se for o caso, a identificação e o endereço geográfico do mediador de crédito envolvido;**

c) **O montante total do crédito e as condições de utilização;**

d) **A duração do contrato de crédito;**

e) **Nos créditos sob a forma de pagamento diferido de um bem ou de um serviço específico e nos contratos coligados, o bem ou o serviço em causa, assim como o respectivo preço a pronto;**

f) **A taxa nominal, as condições aplicáveis a esta taxa e, quando disponíveis, quaisquer índices ou taxas de juro de referência relativos à taxa nominal inicial, bem como os períodos, as condições e os proce-**

dimentos de alteração da taxa de juro; em caso de aplicação de diferentes taxas nominais, em função das circunstâncias, as informações antes referidas sobre todas as taxas aplicáveis;

g) A TAEG e o montante total imputado ao consumidor, ilustrada através de exemplo representativo que indique todos os elementos utilizados no cálculo desta taxa; se o consumidor tiver comunicado ao credor um ou mais componentes do seu crédito preferido, tais como a duração do contrato de crédito e o montante total do crédito, o credor deve ter em conta esses componentes; se o contrato de crédito estipular diferentes formas de utilização com diferentes encargos ou taxas nominais, e o credor fizer uso dos pressupostos enunciados na alínea *b*) da parte II do anexo I ao presente decreto-lei, que dele faz parte integrante, deve indicar que o recurso a outros mecanismos de utilização para este tipo de acordo de crédito pode resultar numa TAEG mais elevada;

h) O tipo, o montante, o número e a periodicidade dos pagamentos a efectuar pelo consumidor e, se for o caso, a ordem pela qual os pagamentos devem ser imputados aos diferentes saldos devedores a que se aplicam taxas de juro diferenciadas para efeitos de reembolso;

i) Se for o caso, os encargos relativos à manutenção de uma ou mais contas para registar simultaneamente operações de pagamento e de utilização do crédito, a menos que a abertura de conta seja facultativa, bem como os encargos relativos à utilização de meios que permitam ao mesmo tempo operações de pagamento e de utilização do crédito, quaisquer outros encargos decorrentes do contrato de crédito e as condições em que esses encargos podem ser alterados;

j) Os custos notariais a pagar pelo consumidor pela celebração do contrato de crédito, se for o caso;

l) A eventual obrigação de celebrar um contrato acessório ligado ao contrato de crédito, nomeadamente um contrato de seguro, se a celebração de tal contrato for obrigatória para a obtenção do crédito ou para a obtenção do crédito nas condições oferecidas;

m) A taxa de juros de mora, bem como as regras para a respectiva adaptação e, se for caso disso, os encargos devidos em caso de incumprimento;

n) As consequências da falta de pagamento;

o) As garantias exigidas, se for o caso;

p) A existência do direito de livre revogação pelo consumidor;

Informação e práticas anteriores à celebração do contrato de crédito 45

q) O direito de reembolso antecipado e, se for o caso, as informações sobre o direito do credor a uma comissão de reembolso antecipado e a forma de a determinar, nos termos do artigo 19.°;

r) O direito de o consumidor ser informado, imediata, gratuita e justificadamente, nos termos do n.° 3 do artigo 11.°, do resultado da consulta de uma base de dados para verificação da sua solvabilidade;

s) O direito de o consumidor obter, por sua solicitação e gratuitamente, uma cópia da minuta de contrato de crédito. Esta disposição não é aplicável se, no momento em que é feita a solicitação, o credor não estiver disposto a proceder à celebração do contrato de crédito com o consumidor; e

t) O período durante o qual o credor permanece vinculado pelas informações pré-contratuais, se for o caso.

4 — Todas as informações adicionais que o credor queira prestar ao consumidor devem ser entregues em documento separado, elaborado de forma clara, concisa e legível, podendo ser anexadas à ficha sobre «Informação normalizada europeia em matéria de crédito a consumidores».

5 — Considera-se que o credor cumpriu os requisitos de informação previstos no presente artigo e na legislação aplicável à contratação à distância de serviços financeiros se tiver fornecido a ficha sobre «Informação normalizada europeia em matéria de crédito a consumidores», devidamente preenchida.

6 — Nas comunicações por telefone, previstas em sede de contratação à distância de serviços financeiros, a descrição das principais características do serviço financeiro a fornecer deve incluir, pelo menos, os elementos referidos nas alíneas *c*), *d*), *e*), *f*), *g*) *h*) e *p*) do n.° 3 do presente artigo e na alínea *c*) do n.° 2 do artigo 8.°, bem como a TAEG ilustrada através de exemplo representativo e o custo total do crédito imputável ao consumidor.

7 — Se o contrato tiver sido celebrado, por solicitação do consumidor, através de um meio de comunicação à distância que não permita o fornecimento das informações nos termos do presente artigo, nomeadamente no caso referido no número anterior, o credor deve facultar ao consumidor, na íntegra e imediatamente após a celebração do contrato de crédito, as informações pré-contratuais devidas através da ficha da «Informação normalizada europeia em matéria de crédito a consumidores».

8 — Mediante solicitação, deve ser fornecida gratuitamente ao consumidor, para além da «Informação normalizada europeia em matéria de crédito a consumidores», uma cópia da minuta do contrato de crédito.

9 — Nos contratos de crédito em que os pagamentos efectuados pelo consumidor não importam amortização imediata do montante total do crédito, mas sejam utilizados para reconstituir o capital nos períodos e nas condições previstas no contrato de crédito ou em contrato acessório, as informações pré-contratuais previstas no presente artigo devem incluir uma declaração clara e concisa de que não é exigida garantia por parte de terceiros, no âmbito do contrato de crédito, para assegurar o reembolso do montante total do crédito utilizado ao abrigo desse contrato de crédito, salvo se tal garantia for antecipadamente prestada.

10 — A entidade reguladora competente pode, nos termos indicados no n.° 4 deste artigo, estabelecer outras informações adicionais que devam ser prestadas pelo credor ao consumidor.

11 — Compete ao credor e, se for o caso, ao mediador de crédito fazer prova do cumprimento das obrigações previstas neste artigo.

Comentário em geral

Esta norma representa uma novidade absoluta em relação ao regime do DL 359/91, onde a informação se produzia ao tempo da celebração do contrato sendo que, nalguns casos, havia que a manter actualizada posteriormente.

A regra é o reflexo da transposição do art. 5.°, n.ᵒˢ 1 a 5, da Dir. 2008/48/CE, assumindo-se aí (no Considerando 24) que o consumidor deve ser "exaustivamente informado antes da celebração do contrato de crédito, independentemente de haver ou não um intermediário envolvido na comercialização do crédito". Por esta via, garante-se "um nível suficiente de protecção do consumidor, dado que o mutuante tem a responsabilidade de assegurar que o consumidor receba toda a informação pré-contratual, seja através do intermediário – se o mutuante e o intermediário assim o acordarem – seja de qualquer outro modo adequado".

Anotação ao n.° 1

Cumprindo o objectivo assinalado, impõe-se sempre em momento anterior à celebração do contrato de crédito, quer quando se apresenta, desde logo, uma oferta de crédito, quer quando se projecta vir a celebrar o contrato.

O período de antecedência quanto à prestação da informação ao consumidor deve ser razoável em relação ao (possível) momento da conclusão do contrato de crédito, não podendo ser dada a informação e, sucessivamente, ocorrer a celebração do contrato, ressalvados pontuais casos.

A informação deve ser prestada por qualquer dos sujeitos intervenientes na operação – quer pelo credor, quer pelo mediador do crédito –, tendo aqui um lato alcance o termo "informação", já que tem por base eventuais preferências e elementos tidos em conta pelo consumidor.

A finalidade imediata desta informação é a de levar a que consumidor tome uma decisão plenamente consciente e sem dúvidas de qualquer ordem quanto ao crédito em causa.

Anotação ao n.º 2

Para obter melhores resultados e uma adequada uniformização comunitária, exige-se que tal dever resulte do preenchimento de uma ficha específica, que integra o Anexo II do presente diploma.

Anotação ao n.º 3

Estabelece-se uma lista exaustiva e completa quanto às informações a prestar: desde o crédito (a larga maioria das informações dizem respeito a este aspecto) ao credor.

São 19 as alíneas em causa, sendo que algumas delas (8 em particular – als. a) a h)) têm a particularidade, por efeito da remissão efectuada pelo art. 12.º, n.º 3, proémio, de serem ainda aplicáveis em sede de informação contratual – o que faz duplicar a informação mais relevante, caso o consumidor venha a celebrar aquele contrato de crédito –, sem prejuízo de outras serem ainda duplicáveis (*v.g.*, al. o) do n.º 3 do art. 6 e a al. g), 1.ª parte, do n.º 3 do art. 12.º).

Anotação ao n.º 4

Regula-se ainda o modo de prestação de outra informação (eventual) que o credor pretenda facultar ao consumidor. Para além de dever ser prestada em documento autónomo – sem prejuízo da sua anexação à ficha normalizada acima referida –, deve ser ainda esclarecida.

Anotação ao n.º 5

Estabelece-se uma presunção de cumprimento dos requisitos de informação se o credor preencheu devidamente a mencionada ficha normalizada.

Anotação ao n.º 6

Cria-se um regime específico para a informação prestada por telefone no quadro da contratação à distância de serviços financeiros, a qual deve conter um número mínimo de elementos informativos.

Anotação ao n.º 7

Releve-se, no âmbito do número anterior, um caso específico: o da celebração do contrato por solicitação do consumidor.

Nessa hipótese, a informação pré-contratual, não permitida prestar atentas as particularidades da operação, deve ocorrer logo após a conclusão do contrato de crédito.

Anotação ao n.º 8

As exigências de informação impõem, mas apenas no caso de o consumidor o solicitar, a entrega de uma cópia da minuta do contrato de crédito.

Este dever do credor, desde que assim seja transformado pelo consumidor, permite-lhe ter uma noção exacta das condições do contrato a realizar.

Anotação ao n.º 9

Estabelece-se um enquadramento próprio para os pagamentos que servem a reconstituição do capital nos termos previstos no contratos de crédito ou no contrato acessório.

Anotação ao n.º 10

Determina-se a possibilidade de extensão do âmbito obrigatório das informações adicionais a prestar pelo credor.

Anotação ao n.º 11

Regra probatória determinante resulta do n.º 11: onera-se o credor (e o mediador) com a demonstração de que cumpriu todos os deveres consagrados na presente norma.

É mais uma regra de clara protecção do consumidor a crédito.

Informação e práticas anteriores à celebração do contrato de crédito   49

Cremos que essa regra (que se reforça no art. 7.°, n.° 4) deve perpassar, atenta a sua razão de ser, todas as normas que reflectem a necessidade de um dever de informação pelo credor (cfr. art. 8.°, art. 12.°, n.os 3 a 5, art. 14.°, art. 15.° e art. 23.° todos do presente diploma).

ARTIGO 7.°
Dever de assistência ao consumidor

1 — O credor e, se for o caso, o mediador de crédito devem esclarecer de modo adequado o consumidor, por forma a colocá-lo em posição que lhe permita avaliar se o contrato de crédito proposto se adapta às suas necessidades e à sua situação financeira, cabendo-lhes, designadamente, fornecer as informações pré-contratuais previstas no artigo anterior, explicitar as características essenciais dos produtos propostos, bem como descrever os efeitos específicos deles decorrentes para o consumidor, incluindo as consequências da respectiva falta de pagamento.

2 — Estes esclarecimentos devem ser fornecidos antes da celebração do contrato de crédito, devem ser entregues ao consumidor em suporte duradouro reprodutível e devem ser apresentados de forma clara, concisa e legível.

3 — Sendo a informação da responsabilidade do credor, os mediadores de crédito têm o dever de a transmitir integralmente ao consumidor.

4 — Compete ao credor e, se for o caso, ao mediador de crédito fazer prova do cumprimento das obrigações previstas neste artigo.

Comentário em geral

Esta norma surge na esteira do art. 5.°, n.° 6, da Dir. 2008/48/CE, representando igualmente uma novidade absoluta em relação ao regime do DL 359/91.

Integra-se ainda no quadro das informações pré-contratuais.

Autonomizou-se agora num preceito específico, o n.° 6 do art. 5.° da Dir. 2008/48/CE, atenta a relevância deste dever de assistência ao consumidor.

Anotação ao n.° 1

Impõe-se ao credor (e ao mediador de crédito) um dever de assistência (pré-contratual) ao consumidor revestido de larga amplitude: importa esclarecimentos adequados e uma avaliação da adaptação das particularidades do crédito ao perfil específico de um dado consumidor.

Elencam-se, exemplificativamente, algumas vertentes do dever de assistência.

Com isto pretende-se obter uma clara, consciente e reflectida actuação do consumidor em vista da possível celebração do contrato de crédito.

Cremos que, em concreto, haverá fortes dificuldades para o credor em ordem a preencher de modo adequado todos os parâmetros e todas as exigências resultantes do conteúdo deste número.

Anotação ao n.° 2

Embora não se exija o preenchimento de uma ficha específica, impõe-se o dever de entrega ao consumidor dos esclarecimentos prévios ao contrato de crédito, nos termos habitualmente impostos ao credor: em suporte duradouro e de forma clara, concisa e legível.

Anotação ao n.° 3

Estende-se ao mediador de crédito a obrigatoriedade de comunicar ao consumidor a informação da responsabilidade do credor.

Anotação ao n.° 4

Estabelece-se uma regra probatória semelhante à do n.° 11 do art. 6.°, onerando-se o credor (e o mediador) com a demonstração de que cumpriu os deveres resultantes da disposição (*ver anotação ao n.° 11 do art. 6.°*).

ARTIGO 8.°
**Informações pré-contratuais nos contratos de crédito
sob a forma de facilidade de descoberto
e noutros contratos de crédito especiais**

1 — Na data de apresentação da proposta de crédito ou previamente à celebração do contrato de crédito nos termos do n.° 2 do artigo 2.° ou do artigo 4.°, o credor e, se for o caso, o mediador de crédito devem, com base nos termos oferecidos pelo credor e, se for o caso, nas preferências expressas pelo consumidor e nas informações por si fornecidas, prestar as informações necessárias para comparar diferentes ofertas, a fim de o consumidor tomar uma decisão esclarecida e informada quanto à celebração do contrato de crédito.

Informação e práticas anteriores à celebração do contrato de crédito   51

2 — Além das menções constantes das alíneas *a*) a *d*), *f*), *r*) e *t*) do n.° 3 do artigo 6.°, as informações referidas no número anterior devem especificar:

a) A TAEG, ilustrada através de exemplos representativos que mencionem todos os pressupostos utilizados no cálculo desta taxa;

b) As condições e as modalidades de extinção do contrato de crédito;

c) Nos contratos de crédito do tipo referido no n.° 2 do artigo 2.°, a indicação, se for caso disso, de que, a pedido, pode ser exigido ao consumidor em qualquer momento o reembolso integral do montante do crédito;

d) A taxa de juros de mora, bem como as regras para a respectiva aplicação e, se for o caso, os encargos devidos em caso de incumprimento;

e) Nos contratos de crédito do tipo referido no n.° 2 do artigo 2.°, a indicação dos encargos aplicáveis a partir da celebração de tais contratos e, se for o caso, as condições em que estes podem ser alterados.

3 — Essas informações devem ser entregues em papel ou noutro suporte duradouro e devem igualmente ser legíveis, devendo ser prestadas através da ficha sobre «Informação normalizada europeia em matéria de crédito a consumidores» constante do anexo III ao presente decreto-lei, que dele faz parte integrante.

4 — Considera-se que o credor cumpriu os requisitos de informação previstos no presente artigo e nas regras da legislação aplicável à contratação à distância de serviços financeiros se tiver fornecido a «Informação normalizada europeia em matéria de crédito a consumidores», devidamente preenchida.

5 — No caso de contratos de crédito referidos no artigo 3.°, as informações fornecidas ao consumidor nos termos do n.° 1 do presente artigo devem incluir ainda:

a) O montante, o número e a periodicidade dos pagamentos a efectuar pelo consumidor e, se for o caso, a ordem pela qual os pagamentos devem ser imputados aos diferentes saldos devedores a que se aplicam taxas de juro diferenciadas para efeitos de reembolso; e

b) O direito de reembolso antecipado e, se for o caso, informações sobre o direito do credor a uma comissão de reembolso antecipado e a forma da sua determinação.

6 — Se o contrato de crédito for abrangido pelo n.º 2 do artigo 2.º, aplica-se apenas o disposto no n.º 1 do presente artigo.

7 — No caso das comunicações por telefone e se o consumidor solicitar que a facilidade de descoberto seja disponibilizada com efeitos imediatos, a descrição das principais características do serviço financeiro deve incluir pelos menos os elementos referidos nas alíneas *c*) e *f*) do n.º 3 do artigo 6.º e das alíneas *a*) e *c*) do n.º 2 do presente artigo; além disso, no caso dos contratos de crédito do tipo referido no n.º 5, a descrição das principais características deve incluir a duração do contrato de crédito.

8 — Não obstante a exclusão prevista na alínea *e*) do n.º 1 do artigo 2.º, os requisitos a que se refere o primeiro período do número anterior são aplicáveis aos contratos de crédito sob a forma de facilidade de descoberto cujo crédito deva ser reembolsado no prazo de um mês.

9 — A seu pedido, deve ser fornecida gratuitamente ao consumidor, para além das informações referidas nos n.os 1 a 7, uma cópia da minuta do contrato de crédito que inclua as informações contratuais estabelecidas no artigo 12.º, na medida em que esse artigo seja aplicável.

10 — Se o contrato tiver sido celebrado, a pedido do consumidor, por intermédio de meio de comunicação à distância que não permita o fornecimento das informações nos termos dos n.os 1, 2 e 5, nomeadamente nos casos referidos no n.º 5, o credor deve, imediatamente após a celebração do contrato de crédito, cumprir as suas obrigações estabelecidas nos n.os 1, 2 e 5, facultando as informações contratuais nos termos do artigo 12.º, na medida em que esse artigo seja aplicável.

Comentário em geral

Na mesma lógica do art. 6.º, esta regra actua na fase informativa pré--contratual, mas agora para específicos contratos de crédito, aludindo-se em particular à "facilidade de descoberto", mas tendo em vista os outros contratos de crédito especiais (específicos no dizer da epígrafe do art. 6.º Dir. 2008/48/CE), *v.g.*, os previstos no art. 3.º deste diploma.

A regra reproduz o art. 6.º da Dir. 2008/48/CE, tem como finalidade última a informação completa e exaustiva do consumidor em momento prévio à conclusão do contrato de crédito.

Ver nota ao *Comentário em geral efectuado no art. 6.º*.

Anotação ao n.º 1

Cfr. *Anotação ao n.º 1 do art. 6.º*.

Anotação ao n.º 2

Estabelece-se uma lista ampla de informações a prestar, tendo em vista essencialmente o crédito, mas não perdendo de vista a pessoa do credor.

São 12 as alíneas em causa – em menor escala do que as impostas para os contratos de crédito em geral, à luz do art. 6.º –, sendo que algumas delas são duplicadas no caso de o consumidor, no futuro, celebrar aquele contrato de crédito.

Anotação ao n.º 3

Ver *Anotação ao n.º 4 do art. 6.º*.

Remete-se agora para o Anexo III do presente diploma.

Anotação ao n.º 4

Ver *Anotação ao n.º 5 do art. 6.º*.

Anotação ao n.º 5

Cria-se um regime especial de informação aplicável aos contratos de crédito regulados no art. 3.º.

Anotação ao n.º 6

Nos contratos de crédito sob a forma de facilidade de descoberto com reembolso não superior a três meses apenas se aplica o n.º 1 do presente artigo.

Anotação ao n.º 7

A regra aplica-se à "facilidade de descoberto" disponibilizada com efeitos imediatos, caso seja o consumidor solicitá-la.

Cria-se um regime específico para a informação prestada por telefone no quadro da contratação à distância de serviços financeiros, a qual deve conter um número mínimo de elementos informativos.

Anotação ao n.º 8

Cria-se um regime informativo ainda mais específico para a facilidade de descoberto reembolsável no prazo (máximo) de um mês.

Anotação ao n.º 9

Cfr. *Anotação ao n.º 8 do art. 6.º*.

Anotação ao n.º 10

Cfr. *Anotação ao n.º 7 do art. 6.º*.

ARTIGO 9.º
Isenção dos requisitos de informação pré-contratual

1 — Os artigos 6.º, 7.º e 8.º não são aplicáveis aos fornecedores ou aos prestadores de serviços que intervenham como mediadores de crédito, desde que a título acessório.

2 — Sem prejuízo do disposto no número anterior, o credor deve assegurar que o consumidor recebe e conhece as informações pré-contratuais mencionadas, designadamente através dos fornecedores ou dos prestadores de serviços a que se refere o número anterior.

3 — Compete ao credor fazer prova do cumprimento do disposto neste artigo.

Comentário em geral

A regra em causa, nos seus dois primeiros números, reproduz o art. 7.º da Directiva 2008/48/CE, actuando ainda em sede de informação pré-contratual.

O número três é uma especificidade do diploma interno.

Anotação ao n.º 1

Exoneram-se dos deveres pré-contratuais expressos nas regras anteriores os mediadores de crédito que actuem a título acessório e não a título principal.

De acordo com o Considerando 24, § 3, da Dir. 2008/48/CE pode considerar-se, por exemplo, que os fornecedores de bens e/ou de serviços actuam como intermediários de crédito a título acessório, se a sua actividade nessa qualidade não for o principal objectivo da sua actividade comercial ou profissional.

Anotação ao n.º 2

A disposição, apesar da exoneração dos "mediadores de crédito acessórios", não excluiu o dever de o credor fazer tudo quanto está ao seu

Informação e práticas anteriores à celebração do contrato de crédito 55

alcance para que o consumidor tenha conhecimento de tais informações, servindo-se inclusivamente desses mediadores.

Anotação ao n.° 3

Na esteira do n.° 11 do art. 6.° e do n.° 4 do art. 7, o ónus da prova do cumprimento dos deveres emergentes do preceito impende sobre o credor.

ARTIGO 10.°
Dever de avaliar a solvabilidade do consumidor

1 — Antes da celebração do contrato de crédito, o credor deve avaliar a solvabilidade do consumidor, quer através da verificação das informações por este prestadas, quer através da consulta obrigatória à Central de Responsabilidades de Crédito, a que se refere o Decreto--Lei n.° 204/2008, de 14 de Outubro.

2 — O credor pode, complementarmente, proceder à avaliação prevista no número anterior através da consulta da lista pública de execuções, a que se refere o Decreto-Lei n.° 201/2003, de 10 de Setembro, ou de outras bases de dados consideradas úteis para a avaliação da solvabilidade dos consumidores.

3 — Se o pedido de crédito for rejeitado com fundamento nas consultas a que se referem os números anteriores, o credor deve informar o consumidor imediata, gratuita e justificadamente desse facto, bem como dos elementos constantes das bases de dados consultadas, salvo se a prestação destas informações for proibida por disposição do direito comunitário ou nacional, ou se for contrária a objectivos de ordem pública ou de segurança pública.

4 — Se as partes, após a celebração do contrato, decidirem aumentar o montante total do crédito, o credor actualiza a informação financeira de que dispõe relativamente ao consumidor e avalia de novo a solvabilidade deste.

5 — Compete ao credor fazer prova do cumprimento do disposto neste artigo.

Comentário em geral

A regra, que transpõe o art. 8.° da Directiva 2008/48/CE, é também nova.

Anotação ao n.º 1

Impõe-se ao credor um dever de avaliação da solvabilidade do consumidor.

Em primeira linha, dá-se relevo a dois tipos de elementos informativos, um, obrigatório para o credor, outro, para ele facultativo (e provavelmente menos credível).

Por um lado, impõe-se que o credor consulte a Central de Responsabilidades de Crédito, criada pelo DL 204/2008, de 14 de Outubro, para efeito de saber qual é a situação financeira do consumidor. Note-se que tal entidade tem por funções, à luz do art. 1.º, n.º 1 do DL 204/2008, "a) centralizar as responsabilidades efectivas ou potenciais de crédito concedido por entidades sujeitas à supervisão do Banco de Portugal ou por quaisquer outras entidades que, sob qualquer forma, concedam crédito ou realizem operações análogas, *b)* divulgar a informação centralizada às entidades participantes; *c)* reunir informação necessária à avaliação dos riscos envolvidos na aceitação de empréstimos bancários como garantia no âmbito de operações de política monetária e de crédito intradiário". A Central de Responsabilidades de Crédito "abrange a informação recebida relativa a responsabilidades efectivas ou potenciais decorrentes de operações de crédito, sob qualquer forma ou modalidade, de que sejam beneficiárias pessoas singulares ou colectivas, residentes ou não residentes em território nacional" (art. 1.º, n.º 2 do DL 204/2008).

O credor pode ainda socorrer-se, facultativamente, das informações prestadas pelo próprio consumidor.

Anotação ao n.º 2

A disposição permite, em via complementar, o recurso a outros mecanismos, em especial a consulta da lista pública de execuções, constante do DL 201/2003, de 10 de Setembro.

Como se assinala no § 2 do Preâmbulo deste diploma "pretende-se ainda, com este registo, prevenir potenciais litígios jurisdicionais através do acesso concedido à informação dele constante por parte de quem tenha uma relação contratual ou pré-contratual com o titular dos dados", afirmando-se logo no parágrafo subsequente que tal registo "disponibilizará todas as informações necessárias à realização da penhora, nomeadamente um rol dos processos de execução pendentes contra o executado, bem como informação sobre os bens já penhorados no património do mesmo e ainda um elenco das acções instauradas contra o exequente que foram declaradas findas ou suspensas".

Informação e práticas anteriores à celebração do contrato de crédito 57

Anotação ao n.° 3

A rejeição do pedido de crédito, na sequência das consultas efectuadas pelo credor, obriga este a informar o consumidor, de modo fundamentado, especificando quais os elementos que presidiram a essa recusa. Só se impede a divulgação junto do consumidor de tais elementos se for proibido por lei ou se for contrário a razões de interesse público (designadamente, na "prevenção, investigação, detecção ou repressão de infracções penais" – ver Considerando 29 da Dir. 2008/48/CE).

A informação acerca da recusa deve ser imediata, em relação ao conhecimento do facto pelo credor, não sendo o consumidor onerado com qualquer custo.

Anotação ao n.° 4

Prevê-se ainda um dever de avaliar a solvabilidade do consumidor, nos mesmos termos descritos nos números anteriores, para o caso de aumento do montante total do crédito na vigência de um contrato.

Anotação ao n.° 5

Determina-se, mais uma vez, que o ónus da prova do cumprimento do dever de informação cabe ao credor.

ARTIGO 11.°

Acesso a bases de dados

1 — As entidades gestoras de bases de dados utilizadas em Portugal para avaliar a solvabilidade dos consumidores asseguram, em condições de reciprocidade, o acesso não discriminatório de credores que actuem noutros Estados membros a essas bases de dados.

2 — Em conformidade com o número anterior, o Banco de Portugal assegura o acesso de credores que actuem noutros Estados membros à base de dados da Central de Responsabilidades de Crédito, nos termos previstos no artigo 8.° do Decreto-Lei n.° 204/2008, de 14 de Outubro.

3 — Se o pedido de crédito for rejeitado com fundamento nos dados constantes da lista pública de execuções ou dos dados a que se referem os números anteriores, o credor deve informar o consumidor imediata, gratuita e justificadamente desse facto e dos elementos constantes da respectiva base de dados, salvo se a prestação destas infor-

mações for proibida por outras disposições do direito comunitário ou for contrária a objectivos de ordem pública ou de segurança pública.

4 — As informações prestadas pelo Banco de Portugal destinam-se exclusivamente aos credores, devendo estes assegurar, de acordo com a Lei n.º 67/98, de 26 de Outubro, e com o artigo 7.º do Decreto--Lei n.º 204/2008, de 14 de Outubro, a protecção dos dados relativos às pessoas singulares, sendo-lhes vedada a sua transmissão a terceiros.

Comentário em geral

O artigo 11.º trata do acesso dos credores a bases de dados relativas à solvabilidade dos consumidores.

A regra, que reproduz o art. 9.º da Directiva 2008/48/CE, é igualmente inovadora.

Anotação ao n.º 1

Este número consagra a regra da não discriminação de credores, ainda que estrangeiros, a bases de dados utilizadas no nosso país.

Anotação ao n.º 2

A base de dados adequada para o efeito específico em vista consta do DL 204/2008, de 14 de Outubro. A Central de Responsabilidades de Crédito (CRC) tem por objecto, entre outros, a divulgação da informação centralizada às entidades participantes.

Anotação ao n.º 3

Ver a *Anotação ao n.º 3 do artigo anterior.*

Anotação ao n.º 4

Determina-se um dever de prestar a informação aos credores, que a eles apenas se restringe, consagrando-se, desta sorte, a proibição da transmissão dessa informação a terceiros.

CAPÍTULO III
Informação e direitos
relativos aos contratos de crédito

ARTIGO 12.º
Requisitos do contrato de crédito

1 — Os contratos de crédito devem ser exarados em papel ou noutro suporte duradouro, em condições de inteira legibilidade.

2 — A todos os contraentes, incluindo os garantes, deve ser entregue, no momento da respectiva assinatura, um exemplar devidamente assinado do contrato de crédito.

3 — Além das menções constantes das alíneas *a*) a *g*), primeiro período, e *h*) do n.º 3 do artigo 6.º, o contrato de crédito deve especificar, de forma clara e concisa, os seguintes elementos:

a) No caso de amortização do capital em contrato de crédito com duração fixa, o direito do consumidor a receber, a seu pedido e sem qualquer encargo, a todo o tempo e ao longo do período de vigência do contrato, uma cópia do quadro da amortização;

b) Se houver lugar ao pagamento de despesas e de juros sem amortização do capital, um extracto dos períodos e das condições de pagamento dos juros devedores e das despesas recorrentes e não recorrentes associadas;

c) Se for o caso, os encargos relativos à manutenção de uma ou de mais contas para registar simultaneamente operações de pagamento e de utilização do crédito, a menos que a abertura de conta seja facultativa, bem como os encargos relativos à utilização de meios que permitam ao mesmo tempo operações de pagamento e de utilização do crédito, e quaisquer outros encargos decorrentes do contrato de crédito e das condições em que esses encargos podem ser alterados;

d) A taxa de juros de mora aplicável à data da celebração do contrato de crédito, bem como as regras para a respectiva adaptação e, se for o caso, os encargos devidos em caso de incumprimento;

e) As consequências da falta de pagamento;

f) Se for o caso, a menção de que os custos notariais de celebração do contrato devem ser pagos pelo consumidor;

g) As eventuais garantias e os eventuais seguros exigidos;

h) A existência do direito de livre revogação pelo consumidor, o prazo, o procedimento previsto para o seu exercício, incluindo designadamente informações sobre a obrigação do consumidor pagar o capital utilizado e os juros, de acordo com o n.° 4 do artigo 17.°, bem como o montante dos juros diários;

i) As informações relativas aos direitos decorrentes do artigo 18.°, bem como as condições de exercício desses direitos;

j) O direito de reembolso antecipado, o procedimento a seguir nesse caso, o modo e a forma de cálculo da redução a que se refere o n.° 1 do artigo 19.° e, se for o caso, as informações sobre o direito do credor a uma comissão de reembolso antecipado e a forma da sua determinação;

l) O procedimento a adoptar para a extinção do contrato de crédito;

m) A existência ou a inexistência de procedimentos extrajudiciais de reclamação e de recurso acessíveis ao consumidor e, quando existam, o respectivo modo de acesso;

n) Outros termos e condições contratuais, se for o caso;

o) O nome e o endereço da autoridade de supervisão competente.

4 — O quadro de amortização a que se refere a alínea *a*) do número anterior deve indicar os pagamentos devidos, bem como as datas de vencimento e as condições de pagamento dos montantes, e deve incluir a composição de cada reembolso periódico em capital amortizado, os juros calculados com base na taxa nominal e, se for o caso, os custos adicionais; se a taxa de juro não for fixa ou se os custos adicionais puderem ser alterados nos termos do contrato de crédito, o quadro de amortização deve incluir a indicação, de forma clara e concisa, de que os dados constantes do quadro apenas são válidos até à alteração seguinte da taxa nominal ou dos custos adicionais nos termos do contrato de crédito.

Informação e direitos relativos aos contratos de crédito 61

5 — Além das menções constantes das alíneas *a*) a *d*) e *f*) do n.º 3 do artigo 6.º, os contratos de crédito sob a forma de facilidade de descoberto do tipo referido no n.º 2 do artigo 2.º devem especificar, de forma clara e concisa, os seguintes elementos:

a) **A TAEG e o montante total do crédito ao consumidor, calculados no momento da celebração do contrato de crédito, devendo ser mencionados todos os pressupostos utilizados para calcular esta taxa nos termos dos n.ᵒˢ 2 a 4 do artigo 24.º em conjugação com as alíneas *g*) e *i*) do artigo 4.º;**

b) **A indicação de que, a seu pedido, pode ser exigido ao consumidor, em qualquer momento, o reembolso integral do montante do crédito;**

c) **O procedimento a adoptar para o consumidor exercer o direito de livre revogação do contrato de crédito; e**

d) **As informações sobre os encargos aplicáveis a partir da celebração do contrato de crédito e, se for o caso, as condições em que estes podem ser alterados.**

Comentário em geral

O preceito em apreço tem a sua origem no art. 10.º da Dir. 2008/48/CE – que tem como epígrafe "informação a mencionar nos contratos de crédito". Trata das seguintes questões: forma, entrega do exemplar do contrato e menções a apor no contrato de crédito

Por sua vez, a norma tem no art. 6.º do DL 359/91 uma regra próxima que trata dos mesmos assuntos, referindo-se a "requisitos do contrato de crédito", o que parece mais correcto. Daí a sua reprodução.

Anotação ao n.º 1

No tocante à forma, tema abordado no n.º 1, deve enfatizar-se o dever de os contratos de crédito serem exarados em papel ou noutro suporte duradouro.

Anotação ao n.º 2

O número em causa é parcialmente inovador.

Do confronto com o art. 6.º, n.º 1, parte final do DL 359/91, mantém-se o dever de entrega do exemplar do contrato no momento da respectiva assinatura, dando-se expressão ao art. 10.º, n.º 1, 2 §, 1.º trecho da Dir. 2008/48/CE.

Esclarece-se, tal como emerge da citada norma comunitária, que a todos os contraentes deve ser entregue o exemplar devidamente assinado. Realce-se que do art. 6.°, n.° 1, parte final do DL 359/91 apenas resulta textualmente a entrega "ao consumidor" (e não a todos os contraentes).

Especifica-se, por outro lado, que a entrega do exemplar ao tempo da assinatura deve abranger os garantes. Segue-se assim a orientação dominante na doutrina, à luz do art. 6.°, n.° 1 do DL 359/91 (GRAVATO MORAIS, Contratos de crédito ao consumo, cit., pp. 102 e 103).

Deve notar-se que frequentemente o cônjuge do consumidor subscreve o contrato nessa qualidade. A entrega estende-se também a ele, já que assume a situação de garante legal, pessoal e indirecto do consumidor em relação ao cumprimento do contrato de crédito.

O que, *v.g.*, vale, *mutantis mutandis*, para o fiador ou para o avalista do consumidor a crédito, pois asseguram o cumprimento na hipótese de não pagamento das prestações pelo consumidor.

Nestas situações, a entrega do exemplar mostra-se essencial para se conhecer o alcance e os termos da responsabilidade assumida.

Com efeito, a conjugação de três elementos – a redução a escrito, a subscrição e a entrega no exacto momento da assinatura –, conjugada com a atribuição duma sanção similar no caso da omissão de qualquer deles, pressupõe a não ausência das partes no acto em causa.

A prática negocial trouxe, no entanto, algumas variantes a este modelo. É muito comum que a subscrição do contrato pelo consumidor e a correspondente entrega do documento seja efectuada perante o vendedor com poderes para representar o financiador. Aliás, ao fornecedor são muitas vezes remetidas pelo dador de crédito "propostas de financiamento" que, depois de preenchidas com a ajuda do comerciante e no seu estabelecimento, são por este enviadas para o credor. Embora o vendedor não disponha da faculdade de aprovação do crédito, que compete exclusivamente ao financiador, ele intervém activamente na fase preparatória à celebração do contrato e no exacto momento da sua conclusão. Porém, aqui não se suscita nenhuma dificuldade, já que a contratação opera entre presentes.

A entrega do documento contratual ao tempo da assinatura cumpre finalidades, em princípio, não compatíveis, com tal contratação. Figure-se o "crédito por telefone": negoceiam-se os termos do crédito, remetendo o financiador o exemplar do contrato (por si devidamente subscrito) ao consumidor – sendo que nunca as partes estiveram presentes – para que este o assine e o envie.

A entrega pessoal do exemplar ao consumidor configura uma situação bem diversa da remessa do documento pelo correio. Aquela não só confere uma maior solenidade ao acto, como predispõe o receptor à sua leitura.

Ora, com a imposição da entrega presencial no acto da assinatura induz-se à reflexão, pois o consumidor fica, de imediato, na posse do documento contratual, o que lhe permite analisar e examinar com cuidado e com ponderação as suas cláusulas.

Por outro lado, a admissibilidade em geral de uma contratação entre ausentes pode gerar alguns abusos. Estamos a pensar, por exemplo, na data da conclusão do contrato que pode não coincidir com o momento em que o consumidor efectivamente o subscreveu. Note-se que a discussão em apreço se estende, de alguma forma, a outras assinaturas e a outros documentos (a ordem de transferência bancária, a letra ou a livrança em branco, a declaração de renúncia ao direito de livre resolução), na mesma data subscritos. O que permite exacerbar a importância da contratação entre presentes.

Permitindo-se generalizadamente a contratação entre ausentes isso pode traduzir-se na admissibilidade de uma prática não reconhecida directamente no texto legal. É certo que pode questionar-se se é possível, seja por via do estado actual da técnica, seja em razão da protecção decorrente de diplomas entretanto aprovados (o relativo à contratação à distância ou mesmo o referente ao comércio electrónico), a conclusão de um contrato de crédito sem a presença física dos contraentes. Esta via é mesmo publicitada e efectivamente realizada pelas instituições de crédito nesse domínio – o das vendas à distância. Mas aqui há um perigo acrescido: o da existência de fraudes com os documentos enviados (*v.g.*, a tentativa de usurpação da identidade do consumidor). Embora possa haver um maior controlo por parte do financiador, esta prática potencia riscos acentuados. Só muito excepcionalmente tendemos a aceitar este tipo de contratação. Mas isso implica a verificação de exigentes circunstâncias (GRAVATO MORAIS, Contratos de crédito ao consumo, cit., pp. 97 ss.).

Anotação ao n.º 3

Em relação ao texto da Dir. 2008/48/CE, reduziu-se o número extenso de alíneas (a par do que sucedeu já no art. 8.º, n.º 2), dada a repetição do seu conteúdo num outro preceito, efectuando no próprio proémio

64   *Crédito aos Consumidores*

a respectiva remissão para o normativo base (o art. 6.º, n.º 3 do DL 133/ /2009), sem prejuízo naturalmente da manutenção do número de elementos exigidos.

A diminuição do número de alíneas (14 em vez de 22) é significativa e torna mais elegante a norma, já de si muito longa.

Por outro lado, adita-se ao proémio, o seguinte trecho: "os seguintes elementos", tal como resulta já do art. 6.º, n.º 2 do DL 359/91.

Em relação às várias menções em especial, não há alterações significativas no confronto com o correspondente preceito da directiva.

Dentre os dois grupos de menções que se destacam – os que resultam, por via de remissão, do proémio, e os que emergem das várias alíneas do n.º 3 do art. 12.º –, há que salientar a menção relativa ao direito de livre revogação, impondo-se agora, expressa e esclarecidamente, que deve especificar o prazo e o procedimento previsto para o seu exercício; note-se que tal não resultava textualmente do art. 6.º, n.º 2, al. f) do DL 359/91, onde se aludia apenas ao "período de reflexão" (mas que já se entendia ser efectuada "à norma na sua globalidade, no sentido de que do contrato de crédito deve resultar a informação mínima necessária que permita ao consumidor médio leigo em direito e inexperiente economicamente, reconhecer a existência do seu direito, assim como os requisitos essenciais para uma revogação eficaz" – GRAVATO MORAIS, "Do regime jurídico do crédito ao consumo", SI, 2000, p. 306 e "O direito de revogação nos contratos de crédito ao consumo: confronto entre os regimes jurídicos português e alemão", SI, 2006, pp. 457 ss.).

Anotação ao n.º 4

Dá-se nota dos elementos que integram o quadro de amortização, a que se alude na al. a) do número anterior.

Anotação ao n.º 5

A disposição trata ainda das menções essenciais que devem ser apostas aos contratos de crédito sob a forma de facilidade de descoberto que estabeleçam a obrigação de reembolso do crédito a pedido ou no prazo de três meses (art. 2.º, n.º 2 *ex vi* art. 12.º, n.º 5 DL 133/2009).

A especificidade do crédito – por via de um "contrato expresso" que permite ao consumidor "dispor de fundos que excedem o saldo da conta corrente" – conjugada com o escasso prazo da obrigação de reembolso exige uma diferente e especial protecção do consumidor a crédito. Assim,

Informação e direitos relativos aos contratos de crédito 65

para além do conjunto de menções referidas no proémio do n.° 5 (als. a) a d) e f) do n.° 3 do art. 6.° do DL 133/2009), exige-se a referência a um conjunto de menções que, sendo algumas delas as gerais (a indicação da TAEG, da possibilidade de exercício do direito de livre revogação...), comportam algumas especificidades. Releve-se a faculdade de o credor exigir a todo o tempo o reembolso integral do montante do crédito (al. b) do art. 12.°, n.° 5 do DL 133/2009) e as informações sobre os encargos aplicáveis a partir da data da celebração do contrato de crédito (al. d) do art. 12.°, n.° 5 do DL 133/2009).

ARTIGO 13.°
Invalidade ou inexigibilidade do contrato de crédito

1 — O contrato de crédito é nulo se não for observado o estabelecido no n.° 1 ou no n.° 2 do artigo anterior, ou se faltar algum dos elementos referidos no proémio do n.° 3, no proémio do n.° 5, ou nas alíneas *a*) e *d*) do n.° 5 do artigo anterior.

2 — A garantia prestada é nula se, em relação ao garante, não for observado o prescrito no n.° 2 do artigo anterior.

3 — O contrato de crédito é anulável, se faltar algum dos elementos referidos nas alíneas *a*) a *f*), *h*) a *l*) e *n*) do n.° 3 do artigo anterior ou nas alíneas *b*) e *c*) do n.° 5 do artigo anterior.

4 — A não inclusão dos elementos referidos na alínea *g*) do n.° 3 do artigo anterior determina a respectiva inexigibilidade.

5 — A inobservância dos requisitos constantes do artigo anterior presume-se imputável ao credor e a invalidade do contrato só pode ser invocada pelo consumidor.

6 — O consumidor pode provar a existência do contrato por qualquer meio, desde que não tenha invocado a sua invalidade.

7 — Se o consumidor fizer uso da faculdade prevista no número anterior, é aplicável o disposto nas alíneas seguintes:

_a_) Tratando-se de contrato de crédito para financiamento da aquisição de bens ou serviços mediante pagamento a prestações, a obrigação do consumidor quanto ao pagamento é reduzida ao preço a contado e o consumidor mantém o direito de realizar tal pagamento nos prazos convencionados;

_b_) Nos restantes contratos, a obrigação do consumidor quanto ao pagamento é reduzida ao montante do crédito concedido e o con-

sumidor mantém o direito a realizar o pagamento nas condições que tenham sido acordadas ou que resultem dos usos.

Comentário em geral

Inexiste na Dir. 2008/48/CE uma norma que sancione a falta de forma, a inobservância do procedimento que impõe (a entrega do exemplar), bem como a inexistência das menções que devem ser apostas ao contrato.

No DL 359/91, o art. 7.º consagra uma regra referente ao tema, que se aproveitou. A disposição sanciona com a invalidade (nulidade ou anulabilidade) – e em escassas situações com a inexigibilidade – o contrato de crédito, alude à legitimidade para invocar a invalidade e refere a via alternativa ao dispor do consumidor, caso não pretenda invocar a nulidade (especificidade esta que, de resto, já decorria do anterior regime das vendas a prestações de 1979). Acresce que a disposição actual tem sido invocada pelos consumidores abundantemente, sendo que os tribunais têm acolhido sem discussão as regras nela contidas.

Na esteira do art. 7.º do DL 359/91, introduziu-se um novo preceito (em relação à directiva) com o mesmo alcance e a mesma amplitude.

Tal mostra-se em conformidade com a Directiva 2008/48/CE, quando no Considerando 30 alude a que "a presente directiva não regula as questões de direito dos contratos relacionadas com a validade dos contratos de crédito. Por conseguinte, nesse domínio, os Estados-Membros podem manter ou introduzir disposições nacionais conformes com o direito comunitário".

Anotação ao n.º 1

Trata-se no número em causa de estabelecer a sanção da nulidade para específicos casos de inobservância da lei. A regra tem uma faceta inovadora em relação à amplitude das hipóteses aí previstas.

Assim, a inobservância de forma (os contratos devem ser exarados em papel ou noutro suporte duradouro), a não assinatura do contrato ou a não entrega do exemplar ao(s) consumidor(es) no momento da assinatura importam a consequência assinalada.

De notar que a consequência da falta de entrega do exemplar no acto da subscrição a qualquer dos sujeitos indicados representa uma sanção atípica, muito mais adequada e muito mais eficaz, que se opõe à geral (limitada, como sabemos, às regras do incumprimento das obrigações).

Repare-se ainda que a posterior entrega do exemplar – o que é prática muito comum – não permite sanar a nulidade.

Há um leque vasto de informação que se pode considerar muito relevante para efeito de tutela do consumidor a crédito. Note-se que não é só a informação que está agora em causa, mas o modo como deve ser dada a conhecer: "de forma clara e concisa" (art. 12.°, n.° 3 e art. 12.°, n.° 5 do DL 133/2009).

Quanto aos contratos de crédito em geral, identifica-se um grupo de hipóteses – que constam do art. 6.°, n.° 3, als. a) a h), por remissão do proémio do art. 12.°, n.° 3 – em que a sua omissão gera a nulidade do contrato. Esse grupo de casos é muito mais numeroso em relação ao texto precedente: oito menções (tipo de crédito, identificação do credor, o montante total do crédito e condições de utilização, a duração do contrato, o bem/ /serviço em causa e o preço a contado, a taxa nominal e suas condições, a TAEG, a caracterização dos pagamentos a realizar) ao contrário das anteriores três (TAEG, condições em que a TAEG pode ser alterada e condições de reembolso do crédito).

Em relação a uma sub-modalidade de contrato de crédito (a facilidade de descoberto por via de um "contrato expresso" que permite ao consumidor "dispor de fundos que excedem o saldo da conta corrente" em que o prazo da obrigação de reembolso não é superior a 3 meses) prevê-se igualmente a nulidade para o caso de o contrato ser omisso quanto a algumas das menções aí impostas (ver o proémio do n.° 5 e as als. a) e d) do n.° 5 art. 12.°).

No entanto, apesar da nulidade do contrato, é possível discutir o recurso pelo financiador ao abuso (individual) do direito. Assim, é legítima a pretensão do financiador que, *v.g.*, sustenta que a arguição da nulidade formal ou procedimental pelo consumidor configura um *venire contra factum proprium* já que o direito está a ser exercido em contradição com a sua conduta anterior (por exemplo, o pagamento das prestações do mútuo durante um longo período seguido de arguição da nulidade).

Anotação ao n.° 2

Da mesma sorte, tal efeito – da nulidade, mas agora da garantia – estende-se aos garantes, nas mesmas circunstâncias acima identificadas (por efeito da remissão para o n.° 2 do art. 12.°), o que representa uma novidade em relação ao art. 7.°, n.° 1 do DL 359/91, conquanto a doutrina assim já o entendesse na falta de regra expressa (Gravato Morais, Contratos de crédito ao consumo, cit., pp. 102 ss.).

Encontram-se aqui contemplados, por exemplo, o fiador, o avalista e o cônjuge do consumidor, caso este assine o contrato nessa qualidade.

Há uma protecção bem mais adequada de todos estes sujeitos, que estão "vinculados" ao contrato sem lhe poder pôr termo – o que comporta um risco para eles muito mais elevado –, ao contrário do que sucede com o próprio consumidor, que pode denunciar o contrato por tempo indeterminado a todo o tempo, pode cumprir antecipadamente...

Anotação ao n.° 3

Há ainda um leque de informação que se entende menos relevante (em relação à anterior) para efeito de tutela do consumidor a crédito, mas que não se pode desconsiderar. Realce-se que não é só a informação que está agora em causa, mas ainda o modo como deve ser dada a conhecer: "de forma clara e concisa" (art. 12.°, n.° 3 e art. 12.°, n.° 5 do DL 133/2009).

No tocante aos contratos de crédito em geral, identifica-se um conjunto de situações – que constam do art. 12.°, n.° 3, als. a) a f), h) a l) e n) – em que a sua omissão gera a anulabilidade do contrato. Esse grupo de casos é igualmente mais numeroso em relação ao texto precedente: onze menções em vez das actuais quatro.

No que concerne à assinalada sub-modalidade de contrato de crédito sob a forma de facilidade de descoberto com prazo breve de reembolso prevê-se igualmente a anulabilidade para o caso de o contrato ser omisso quanto a algumas das menções aí impostas (ver as als. b) e c) do n.° 5 art. 12.°).

Anotação ao n.° 4

A não inclusão de outras menções – as eventuais garantias e os seguros exigidos – determina apenas a inexigibilidade.

Anotação ao n.° 5

O número em apreço trata de dois problemas.

Em primeiro lugar, consagra-se uma *presunção de imputabilidade* ao credor da inobservância dos elementos assinalados (tal e qual se expressa no revogado art. 7.°, n.° 4, 1.ª parte DL 359/91).

Desta sorte, a inexistência de qualquer das menções no contrato de crédito configura um risco, em princípio, suportado pelo financiador. A solução encontra a sua principal razão de ser na circunstância de o

Informação e direitos relativos aos contratos de crédito   69

financiador elaborar individualmente o clausulado, limitando-se o consumidor a ele aderir.

A temática repercute-se sobretudo a nível probatório. Assim, o consumidor apenas tem que alegar e que demonstrar que os elementos assinalados não integram o contrato, não lhe cabendo provar que a sua falta se deve ao credor (note-se que tal se encontrava presente no revogado diploma que regulamentava a venda a prestações – art. 1.°, n.° 2 do DL 457/79). Esta presunção é, todavia, ilidível – logo, do tipo *juris tantum* –, pelo financiador, que pode comprovar que a omissão é imputável ao consumidor, o que envolve larga dificuldade.

Segundo aspecto destacado pelo normativo é o de que a invalidade do contrato só poder ser invocada pelo consumidor.

Ora, quando se pretende tutelar uma categoria de pessoas, que se encontra numa situação de especial debilidade, acolhe-se o modelo restrito de arguição da invalidade. O que está aqui em jogo é justamente a protecção de um conjunto de sujeitos. Por isso se impedem todos os outros de a invocar. De todo o modo, quando se alude a consumidor, deve entender-se que tal regime se estende aos seus sucessores (no caso de morte daquele) e aos seus representantes.

No que toca em particular à nulidade, a norma apenas cura de estabelecer regras diversas quanto à sua invocação ou ao seu conhecimento: nem os terceiros podem invocar a nulidade, nem o tribunal pode conhecê--la oficiosamente. Quanto ao mais, aplica-se o regime geral da nulidade (art. 286.° CC).

Anotação ao n.° 6

Existe agora a possibilidade – atribuída *ex lege* – de o beneficiário do crédito provar a existência do contrato, cuja invalidade não invocou, sendo que pode beneficiar, por essa via, de um específico regime de favor.

Pode assim afirmar-se uma espécie de *sanabilidade* do contrato de crédito, já que ele produz agora efeitos distintos dos habituais. No entanto, impede-se o consumidor de arguir a invalidade para que tais efeitos possam operar.

A norma parece abranger actualmente qualquer tipo de invalidade, aqui se incluindo a anulação, tal como emerge textualmente do último termo usado no número em comentário ("invalidade). Esta solução – não expressa no texto legal anterior – representa mais uma via de protecção do consumidor a crédito.

70 *Crédito aos Consumidores*

Anotação ao n.° 7

A solução actual representa uma inovação em relação à directiva que lhe subjaz, embora represente uma medida de continuidade à luz do direito interno (seja do art. 7.°, n.° 6 DL 359/91, seja do anterior art. 2.°, n.° 2, parte final DL 457/79), mas que tem a particularidade de abarcar a outra modalidade de invalidade que não se encontrava contemplada.

A consequência desta sanção gravosa para o financiador, mas que representa uma vantagem real para o consumidor, é que o crédito assume duas feições novas: a gratuitidade (que se substitui ao cariz oneroso), mantendo-se o fraccionamento (já que o consumidor não perde o benefício do prazo), embora agora de um crédito gratuito. Há que proceder a um novo cálculo do valor da prestação mensal, não contemplando quaisquer juros, nem os outros encargos.

ARTIGO 14.°
Informação sobre a taxa nominal

1 — Sem prejuízo da aplicação da alínea *a*) do n.° 2 do artigo 22.° do Decreto-Lei n.° 446/85, de 25 de Outubro, alterado pelo Decreto-Lei n.° 249/99, de 7 de Julho, o consumidor deve ser informado de quaisquer alterações da taxa nominal, em papel ou noutro suporte duradouro, antes da entrada em vigor dessas alterações.

2 — A informação deve incluir o montante dos pagamentos a efectuar após a entrada em vigor da nova taxa nominal e, se o número ou a frequência dos pagamentos forem alterados, os pormenores das alterações.

3 — As partes podem estipular no contrato de crédito que a informação referida no n.° 1 seja prestada periodicamente ao consumidor se a alteração da taxa nominal resultar da modificação da taxa de referência e a nova taxa de referência for publicada pelos meios adequados e estiver acessível nas instalações do credor.

Comentário em geral

A norma está em conformidade com o texto do artigo 11.° da Dir. 2008/48/CE, resultante do art. 11.°, não havendo particularidades a realçar em relação a esta. Modificaram-se em relação ao texto comunitário algumas expressões e adicionou-se a remissão, não constante da Dir. 2008/48/CE para a al. a) do art. 22.°, n.° 2 do DL 446/85, de 25 de Outubro, referente às cláusulas contratuais gerais, dada a conexão das matérias em causa.

Anotação ao n.º 1

Qualquer alteração da taxa nominal – TAN –, que tem por referência uma percentagem aplicada numa base anual em relação ao montante do crédito utilizado (art. 4.º, n.º 1, al. j) DL 133/2009), deve ser comunicada ao consumidor.

A informação a prestar sobre tal modificação da taxa anual nominal segue formalmente os termos gerais indicados no diploma para as comunicações entre as partes, ou seja, em papel ou noutro suporte duradouro.

Realce-se que a informação em causa deve ser comunicada antes da entrada em vigor dessas alterações.

A não comunicação na forma ou nos termos devidos impede o credor de promover com eficácia a alteração da taxa nominal.

Note-se que, por força da ressalva efectuada na primeira parte do número em apreço, o consumidor pode socorrer-se do disposto no art. 22.º, n.º 2, al. a) do DL 446/85, o que lhe permite "resolver o contrato com fundamento na mencionada alteração".

Anotação ao n.º 2

Este número trata do conteúdo da informação a prestar ao consumidor. Por um lado, deve incluir o montante dos pagamentos a efectuar após a nova taxa nominal. Por outro lado, se houver modificação do número (o aumento ou a diminuição) ou da frequência (*v.g.*, deixa de ser bimensal para passar a ser mensal) dos pagamentos, também isso deve ser comunicado ao consumidor, com todo o detalhe.

Anotação ao n.º 3

Permite-se que, por convenção aposta no contrato de crédito, a informação possa ser prestada periodicamente ao consumidor. Tal possibilidade só existe se preenchidos dois pressupostos: se a alteração da TAN decorrer da modificação da taxa de juro referência reportada à taxa nominal inicial; se a nova taxa de referência for publicitada pelos meios adequados, desde que esteja acessível nas instalações do financiador (*v.g.*, afixada, em lugar visível e de fácil acesso, nas respectivas dependências bancárias)

ARTIGO 15.º
Informação nos contratos de crédito
sob a forma de facilidade de descoberto

1 — Celebrado um contrato de crédito sob a forma de facilidade de descoberto, o consumidor deve ser informado, mensalmente, através de extracto de conta, em papel ou noutro suporte duradouro, dos seguintes elementos:

a) **O período exacto a que se refere o extracto de conta;**

b) **Os montantes utilizados e a data da utilização;**

c) **O saldo do extracto anterior e a respectiva data;**

d) **O novo saldo;**

e) **A data e o montante dos pagamentos efectuados pelo consumidor;**

f) **A taxa nominal aplicada;**

g) **Quaisquer encargos que tenham sido debitados;**

h) **O montante mínimo a pagar, se for o caso.**

2 — A informação, em papel ou noutro suporte duradouro, deve conter as alterações da taxa nominal ou de quaisquer encargos a pagar antes da sua entrada em vigor.

3 — As partes podem estipular no contrato de crédito que a informação sobre as alterações da taxa nominal seja prestada segundo a modalidade prevista no n.º 1, se essa modificação ocorrer nos termos definidos no n.º 3 do artigo anterior.

Comentário em geral

A regra reproduz o art. 12.º da Directiva 2008/48/CE, sendo que o art. 14.º DL 359/91 trata da mesma temática, embora este normativo tenha uma menor dimensão informativa.

Anotação ao n.º 1

Resulta a *contrario sensu* do art. 12.º, n.º 5 e da remissão aí efectuada para o n.º 2 do art. 2.º do DL 133/2009 que os contratos de crédito sob a forma de facilidade de descoberto aqui contemplados são os que excedem o prazo de três meses. De resto, tal como sucedia à luz do art. 14.º DL 359/91 (cfr. especialmente o n.º 1).

A informação a prestar abarca várias vertentes em função das particularidades e do carácter duradouro do contrato, reveste carácter mensal, sendo efectuada por via de extracto de conta, nos mesmos termos assinalados.

Anotação ao n.º 2

Ver a *Anotação ao n.º 1 do artigo anterior.*

Assinale-se que, embora o n.º 2 em análise não reproduza a parte inicial do art. 14.º, n.º 1 (na parte em que se refere à aplicabilidade do art. 22.º, n.º 2, al. a) do DL 446/85), tal regime lhe é igualmente aplicável, por força da interpretação extensiva dessa parte da disposição.

Anotação ao n.º 3

Cfr. a *Anotação ao n.º 3 do artigo anterior.*

ARTIGO 16.º

Extinção dos contratos de crédito de duração indeterminada

1 — O consumidor pode denunciar o contrato de crédito de duração indeterminada, a todo o tempo, salvo se as partes tiverem estipulado um prazo de pré-aviso, sem indicação de motivo e gratuitamente.

2 — O prazo de pré-aviso a que se refere o número anterior não pode ser superior a um mês.

3 — Depende de expressa previsão contratual a faculdade de o credor denunciar o contrato de crédito de duração indeterminada mediante pré-aviso de, pelo menos, dois meses, devendo a denúncia ser exarada em papel ou noutro suporte duradouro.

4 — Depende de expressa previsão contratual a faculdade de o credor, por razões objectivamente justificadas, resolver o contrato de crédito de duração indeterminada.

5 — O credor deve comunicar ao consumidor as razões da cessação do contrato mencionado no número anterior, através de papel ou de outro suporte duradouro, sempre que possível antes da sua extinção ou, não sendo possível, imediatamente a seguir, salvo se a prestação destas informações for proibida por outras disposições de legislação comunitária ou nacional ou se for contrária à ordem pública ou à segurança pública.

6 — O desrespeito, pelo credor, das obrigações de forma previstas no presente artigo implica a sua não oponibilidade ao consumidor.

Comentário em geral

A regra, que reproduz o art. 13.º da Directiva 2008/48/CE, tem carácter inovador, não tendo paralelo no DL 359/91, nem na Directiva que o antecedeu. Tem como propósito dar às partes o conhecimento exacto das circunstâncias da cessação do contrato de crédito em casos específicos.

Anotação ao n.º 1

Nos n.ᵒˢ 1 e 2 está em causa a faculdade de denúncia pelo consumidor e não, como resulta expressamente da versão portuguesa do texto comunitário, a resolução (art. 13.º, n.º 1 Dir. 2008/48/CE). Aliás, a versão alemã da Directiva, *v.g.*, refere-se a denúncia (*Kündigung*) expressando com mais rigor do que se trata.

A figura da denúncia é, por definição, restrita aos contratos de duração indeterminada (falando-se de caducidade ou de oposição à prorrogação nos contratos com prazo certo, não sendo aí possível utilizar tal mecanismo), caracterizando-se pelo seguinte: opera a todo o tempo; carece de fundamento; aquele que exerce o direito deve conceder um prazo de pré-aviso, evitando-se assim a extinção abrupta do contrato.

O n.º 1 trata de denúncia pelo consumidor, reflectindo a maior parte das características do instituto enunciadas em geral, especialmente a possibilidade do seu exercício em qualquer momento e o seu cariz imotivado.

Importante nota é a de que a denúncia não envolve qualquer pagamento para o consumidor, sendo, portanto, gratuita. Doutra sorte, poderia imaginar-se a aposição no contrato de crédito de cláusulas que onerassem (*v.g.*, com o pagamento de juros ou de outros encargos) o consumidor caso exercesse o direito de denúncia.

Por seu turno, a possibilidade de exercício de tal direito potestativo extintivo não está dependente da sua previsão no contrato.

Quanto à locução "salvo se as partes tiverem estipulado um prazo de pré-aviso", que dá ênfase à possibilidade de o contrato prever expressamente o prazo de pré-aviso de denúncia – embora reproduza uma outra constante da Directiva no art. 13.º, n.º 1, 1.º período, último trecho –, carece de um esclarecimento. Isto porque se reporta à denúncia a todo o tempo, parecendo impedi-la. Tal não sucede. A denúncia pode sempre ocorrer em qualquer altura, em qualquer momento do contrato, mas se se estipular um prazo de pré-aviso, esse período deve ser concedido pelo consumidor, extinguindo-se o contrato no termo desse prazo.

Não se prevê nenhum modo específico para o exercício do direito, nem semelhantemente qualquer exigência quanto ao conteúdo da declaração. Parece assim valer, quanto àquele, as regras gerais de direito, atendendo até ao contraste com a solenidade que se exige para o credor, à luz do n.º 3 do art. 16.º DL 133/2009. Já no tocante a este, parece bastar a identificação do contrato a extinguir.

Anotação ao n.º 2

Estabelece-se um limite máximo para o prazo de pré-aviso, que não pode exceder um mês (o período previsto no art. 13.º, n.º 1 da Dir. 2008/48/CE). A restrição é de aplaudir, sob pena de se permitir, em geral, ao credor estabelecer prazos bem mais extensos, impossibilitando na prática o exercício do direito.

Anotação ao n.º 3

No n.º 3 alude-se ao mesmo instituto, mas sob o prisma do credor.

Em primeiro lugar, assinala-se que a faculdade de denúncia (nos contratos de duração indeterminada) só pode existir desde que expressamente prevista no contrato (art. 16.º, n.º 3, 1.ª frase do DL 133/2009), ao invés do que sucede com a denúncia pelo consumidor.

Também aqui a denúncia reveste os caracteres gerais: pode ocorrer a todo o tempo, é imotivada e necessita da concessão (pelo credor) de um prazo de pré-aviso.

Na versão portuguesa da Directiva 2008/48/CE alude apenas ao "pré-aviso de dois meses". Com efeito, nas outras versões (francesa, italiana, por exemplo) consagram a locução "pelo menos dois meses". É esta expressão que se encontra reproduzida no art. 16.º, n.º 3 do DL 133/2009.

Trata-se agora de um prazo mínimo para o financiador, que este deve obedecer em qualquer caso. É possível ao credor alargar o período, mas não é crível que o faça, dado que envolve para si maiores dificuldades na extinção do contrato.

Do confronto com a denúncia pelo consumidor, pode concluir-se que se estabelece – de acordo com o texto comunitário – o seguinte critério: o prazo de pré-aviso do credor (desde que, como cremos será a regra, conste do contrato uma cláusula onde se prevê a faculdade de denúncia pelo prazo mínimo) é o dobro do prazo de pré-aviso do consumidor (pressupondo que há cláusula de pré-aviso no caso). A especial posição de debilidade do consumidor justifica esta discrepância de prazos.

Quanto ao modo de exercício do direito, aplica-se o regime-regra para o credor: deve aquela ser "exarada em papel ou noutro suporte duradouro".

Anotação ao n.º 4

No n.º 4 [e igualmente no n.º 5] trata-se de outra forma de cessação do contrato de duração indeterminada, a resolução por justa causa ("por razões objectivamente justificadas"). Preferiu-se o termo resolução – em vez da locução "pôr termo ao direito do consumidor de efectuar levantamentos" (aliás, o texto francês alude a *résiliation*) – pois é disso que se trata.

Semelhantemente ao número anterior, releva-se que a faculdade de resolução (nos contratos de duração indeterminada) só pode existir desde que expressamente prevista no contrato (art. 16.º, n.º 4 do DL 133/2009).

Os motivos que podem levar à extinção do contrato pelo financiador são tão somente os "objectivamente justificad[o]s". Portanto, não está aqui em apreço o incumprimento do contrato de crédito pelo consumidor, mas uma justa causa objectiva que leva à cessação do contrato.

Há que saber em que consiste essa justa causa. A Directiva 2008/48/CE dá uma ajuda. Assim, conforme se expressa no Considerando 33, "essas razões podem ser, por exemplo, a suspeita de uso não autorizado ou fraudulento do crédito ou um risco sensivelmente acrescido de que o consumidor não possa cumprir as suas obrigações de reembolso do crédito".

Concretizemos.

Imaginemos que o financiador detecta (ou suspeita com indícios fortes) a clonagem de um cartão de crédito ou a utilização fraudulenta do crédito por terceiro que indevidamente se apropriou do número do cartão de crédito do titular. Há razões bastantes e objectivas que justificam o cancelamento do cartão e a cessação do contrato.

Impõe-se ainda referir que estas razões, a ocorrer, devem permitir também ao credor, à partida, extinguir o contrato de crédito por tempo determinado. Não há argumentos objectivos que impeçam a extensão do regime também a estes casos. Basta transportar qualquer das hipóteses apresentadas para a situação em que o contrato é concluído com prazo certo.

Anotação ao n.º 5

No n.º 5 trata-se do modo de exercício do direito de resolução por justa causa pelo financiador.

Em primeiro lugar, impõe-se a invocação na declaração a enviar ao consumidor dos motivos que estão na base à resolução por justa causa do contrato. Tal justificação deve ser vista atendendo ao critério de um "credor médio e diligente", não podendo o financiador servir-se de uma razão fraca ou inexistente para conseguir os seus objectivos.

Tendo em conta os valores e os interesses em jogo, estabelece-se como princípio que a comunicação da resolução deve ocorrer antes da extinção do contrato. O que de resto é a situação típica.

No entanto, no caso de não ser possível – porque o credor deve actuar imediatamente em ordem à prossecução do conjunto de interesses em equação (que são variados: os do próprio financiador, da seguradora e do próprio consumidor) – deve, por exemplo, proceder em primeiro lugar ao cancelamento do cartão e à extinção do contrato. Só depois – mas logo após – deve comunicar isso ao consumidor. O risco suportado pelo consumidor, nesta hipótese, é bastante elevado – pois vê extinto o contrato sem conhecer a situação. No entanto, percebe-se que ocorra, atento o conjunto de interesses em jogo.

Ressalva-se, porém, que as razões que estão na base da resolução por justa causa não deverão ser dadas a conhecer quando a prestação de informações seja proibida por outros diplomas ou se isso for contrário à ordem pública ou ainda se tal puser em causa a segurança pública.

A declaração resolutiva deve ser igualmente "exarada em papel ou noutro suporte duradouro".

Anotação ao n.º 6

Este número trata da inobservância, pelo credor, da forma (relembre-se, em papel ou noutro suporte duradouro) das declarações de denúncia ou de resolução por justa causa, não se referindo, todavia, ao conteúdo.

Não encontra paralelo na Directiva 2008/48/CE.

A sanção cominada não é a da nulidade da declaração, por falta de forma – a regra, à luz do art. 220.º CC –, o que significaria a sua não produção dos efeitos a que tende, mas a da "não oponibilidade" ao consumidor das consequências daquela declaração.

ARTIGO 17.º

Direito de livre revogação

1 — O consumidor dispõe de um prazo de 14 dias de calendário para exercer o direito de revogação do contrato de crédito, sem necessidade de indicar qualquer motivo.

2 — O prazo para o exercício do direito de revogação começa a correr:

a) **A partir da data da celebração do contrato de crédito; ou** *b*) **A partir da data de recepção pelo consumidor do exemplar do contrato e das informações a que se refere o artigo 12.°, se essa data for posterior à referida na alínea anterior.**

3 — Para que a revogação do contrato produza efeitos, o consumidor deve expedir a declaração no prazo referido no n.° 1, em papel ou noutro suporte duradouro à disposição do credor e ao qual este possa aceder, observando os requisitos a que se refere a alínea *h*) do n.° 3 do artigo 12.°.

4 — Exercido o direito de revogação, o consumidor deve pagar ao credor o capital e os juros vencidos a contar da data de utilização do crédito até à data de pagamento do capital, sem atrasos indevidos, em prazo não superior a 30 dias após a expedição da comunicação.

5 — Para os efeitos do número anterior, os juros são calculados com base na taxa nominal estipulada, nada mais sendo devido, com excepção da indemnização por eventuais despesas não reembolsáveis pagas pelo credor a qualquer entidade da Administração Pública.

6 — O exercício do direito de revogação a que se refere o presente artigo preclude o direito da mesma natureza previsto noutra legislação especial, designadamente a referente à contratação à distância ou no domicílio.

Comentário em geral

A disposição em apreço reproduz o art. 14.° da Dir. 2008/48/CE, efectuando-se algumas alterações significativas, em especial modificando-se o *nomen juris* do instituto e procedendo-se à reestruturação da disposição comunitária.

De todo o modo, em relação ao DL 359/91, há novidades específicas a assinalar, designadamente a imperatividade da norma, impedindo-se assim a renúncia ao direito de livre revogação.

Ver sobre a figura, Carlos Ferreira de Almeida, Direito do Consumo, Coimbra, 2005, pp. 105 ss., Gravato Morais, Contratos de crédito ao consumo, pp. 151 ss.

Anotação ao n.° 1

A designação do direito em causa, como já referimos, não tem sido uniforme. As locuções mais usadas nas diversas leis são "direito de revogação" e "direito de livre resolução" e não a constante da versão portuguesa da Directiva 2008/48/CEE (direito de retractação). Cremos que a mais adequada é a primeira, que é, de resto, a adoptada pelo DL 359/91, já que qualquer das outras expressões se mostra desajustada, atento os caracteres normalmente subjacentes a elas. Apenas se adicionou, na epígrafe, o termo "livre", realçando a característica mais relevante do direito para o consumidor.

Cura-se do prazo para o exercício do direito, alterando-se substancialmente o direito vigente: o prazo de 7 dias úteis é alterado para 14 dias seguidos. Dá-se, portanto, um alargamento significativo do período para exercer o direito de revogação, numa tentativa de uniformização comunitária de tais prazos quanto a esta pretensão, independentemente das matérias em causa (nomeadamente, a contratação à distância, a contratação ao domicílio, o direito real de habitação).

Por outro lado, faz-se alusão à revogação do "contrato de crédito" – o que se reproduz noutros números, especialmente o n.° 2 e o n.° 3 –, havendo que atender à noção ampla que resulta do art. 4.°, n.° 1, al c) do DL 133/2009. O que significa a possibilidade, tal como no diploma revogado, de exercício do direito de livre revogação em qualquer contrato submetido ao DL 133/2009: a venda a prestações, o mútuo, a abertura de crédito, a emissão de cartão de crédito (embora nestes dois últimos casos com a particularidade de ser o contrato inicial a estar sujeito ao exercício do direito e não os actos sucessivos de utilização do crédito), a locação financeira, o aluguer de longa duração, a facilidade de descoberto, entre outros.

Acresce que, na parte final do número, se assinala o cariz imotivado do direito (o que não constava, em nenhum momento, do art. 8.° do DL 359/91, mas assim era entendido generalizadamente). O consumidor (ou o seu representante, se for o caso) não tem de justificar porque declara a revogação do contrato. Opera portanto *ad nutum* ou *ad libitum*. Basta-lhe enunciar o contrato a revogar, bastando que o texto da declaração contenha os elementos básicos que permitam ao credor identificar que se pretendeu revogar aquele contrato. Por isso se encontra na lei o artigo "do", expressando essa mesma ideia.

Anotação ao n.° 2

Trata-se seguidamente do momento em que começa a contar-se o prazo de 14 dias de calendário. Ao contrário do art. 8.°, n.° 1 do DL

359/91, que aludia textualmente à "assinatura do contrato" como o início da contagem, estabelecem-se agora duas datas relevantes para que comece a correr aquele período:

– a da conclusão do contrato; ou
– a da recepção do exemplar do contrato pelo consumidor (ou pelo seu representante) e das menções essenciais do mesmo, que constam do art. 12.º, quando isso ocorre após a data da celebração assinalada na al. a) do n.º 2.

Esta clarificação (no tocante à segunda hipótese) é muito relevante em vários sentidos. Senão vejamos.

Em primeiro lugar, assinale-se a importante referência ao facto de a data da entrega do exemplar ser posterior à da conclusão do contrato. Com efeito, pode dar-se o caso de tal momento ser anterior ao da celebração do contrato (por hipótese, não assinado), podendo entender-se que o prazo para revogar se iniciou no primeiro momento. O que não pode colher.

Em segundo lugar, destaca-se não só o momento da recepção do exemplar, como ainda o das informações que devem dele constar. Trata-se de requisitos cumulativos e indissociáveis. Assim, a recepção de um exemplar do contrato que não contém todos os elementos que integram o art. 12.º do DL 133/2009 não implica o começo da contagem do prazo.

O período de 14 dias de calendário inicia-se no dia subsequente a qualquer dos momentos enunciados, consoante aquele que se aplique.

No entanto, pode dizer-se que se clarificam agora as considerações doutrinárias efectuadas à luz do revogado regime, que apontavam no sentido de considerar decisiva a data da entrega do exemplar do contrato (Gravato Morais, "Do regime jurídico do crédito ao consumo", cit., pp. 395 ss. e Contratos de crédito ao consumo, cit., pp. 160 ss.).

Anotação ao n.º 3

Uma nota prévia se impõe para realçar que o art. 14.º, n.º 2 da Dir. 2008/47/CE determina que "no caso de um contrato ligado… se a legislação nacional [vigente] já previr, na data da entrada em vigor da presente directiva, que os fundos não podem ser disponibilizados ao consumidor antes do decurso de um determinado período…" (sublinhado nosso).

Ora, o art. 8.º, n.º 5 do DL 359/91 determinava apenas que o consumidor pode renunciar ao direito de revogação em caso de entrega imediata do bem… Por outro lado, no art. 8.º, n.º 4 afirmava-se que o cumprimento do contrato de crédito e a entrega do bem financiado não são exigíveis enquanto se não tornar eficaz a declaração negocial (de não revogação) do consumidor. Não se previa, portanto, na lei interna a redução do prazo (ao contrário do que sucede noutros países; por exemplo, em França, o *Code de la Consommation* especifica, no art. L 311-24 que, em dadas circunstâncias, o prazo pode variar entre sete e três dias). Por isso não se previu tal possibilidade.

A eficácia da declaração de livre revogação do contrato de crédito está dependente de vários requisitos. Vejamos.

Por um lado, da expedição da declaração no prazo de 14 dias, a contar de qualquer dos momentos assinalados no n.° 2. A solução é semelhante, neste aspecto, à do art. 8.°, n.° 1 do DL 359/91. Afasta-se a teoria da recepção ou do conhecimento, aplicável às declarações receptícias, à luz do art. 224.°, n.° 1, 1.ª parte do CC, e acolhe-se, portanto, a teoria da expedição da declaração como mecanismo essencial de tutela do consumidor. Portanto, os 14 dias de calendários são efectivos, já que a declaração pode ser remetida no último dia do prazo.

Por outro lado, a forma da declaração é a habitualmente exigida ao credor ao longo do diploma: em papel ou noutro suporte duradouro. Assim, a utilização do *fax*, do *email* (não sendo necessária aqui a assinatura do consumidor, impondo-se porém a sua identificação, bem como a do próprio contrato de crédito) do telegrama, da mera carta (ainda que não registada ou apenas registada) ou até de uma declaração escrita entregue directamente ao dador de crédito (o consumidor pode exigir deste, para efeito probatório, uma declaração de recepção do documento) são modos legítimos do exercício do direito. Ao mesmo tempo que se dá alguma liberdade declarativa ao consumidor, impede-se que este possa proceder a uma declaração de revogação verbal.

Exige-se ainda, para a produção efectiva dos efeitos, que o credor possa aceder à declaração.

Cabe, por fim, referir que a parte final do n.° 3 carece de um esclarecimento. Na verdade, o que se exige no texto comunitário é que o credor tenha observado os requisitos do art. 10.°, n.° 2, al. p) da Dir. 2008/48/CE, que correspondem aos apostos no art. 12.°, n.° 3, al. h) do DL 133/2009. Portanto, deve substituir-se a locução "observando" por "observados". De resto, tal exigência já emerge, quanto ao credor, do n.° 2, al. b) do art. 17.° do DL 133/2009.

Anotação ao n.º 4

A regra aposta neste número, que tem a sua origem no art. 14.º, n.º 3, al. b) da Dir. 2008/48/CEE, é inovadora em relação ao DL 359/91, onde nada se dispunha neste sentido.

Prevê-se agora que, na eventualidade de "levantamento do crédito" pelo consumidor (art. 14.º, n.º 3, al. b) da Dir. 2008/48/CEE), ou melhor de "utilização do crédito" (na totalidade ou apenas parcialmente, consoante o tipo de crédito; imagine-se um contrato de abertura de crédito no valor de 30.000 € em que apenas é posta à disposição essa quantia pelo creditante, sendo efectuado um levantamento de 5.000 €) pelo consumidor na pendência do prazo em que pode exercer o direito de revogação.

Dir-se-á, em primeira linha, que o credor suporta o risco da utilização do dinheiro pelo consumidor. Vejamos os requisitos exigidos para confirmar ou infirmar a nossa conclusão.

Impõe-se, por um lado, a restituição do capital em singelo. Assim, *v.g.*, o valor transferido para a conta do consumidor deve ser entregue ao credor. Esta obrigação é independentemente da utilização efectiva do dinheiro pelo consumidor.

Mas não só a restituição do capital está em causa, já que sobre esse valor incidem os juros (remuneratórios) calculados à taxa nominal estipulada no contrato, como consta do número 5, a comentar em seguida. Tais juros incidem sobre um período específico: entre a data da utilização do capital e a data da restituição do mesmo. O pagamento de tais juros parece pressupor, por um lado, a entrega do capital com o conhecimento e a autorização do consumidor e com a devida explicitação, pelo credor, das consequências resultantes da revogação do contrato. E, por outro lado, esse pagamento depende do levantamento, da utilização do capital.

Acresce que se impõe um prazo máximo para a restituição do capital e do pagamento dos juros, quando devidos: 30 dias de calendário.

Tal prazo inicia-se com a data da expedição da declaração de revogação pelo consumidor (e não com o momento em que se utiliza o crédito). Da conjugação deste número infere-se que o consumidor, caso o capital tenha sido entretanto posto à sua disposição pelo credor e na hipótese de utilização do mesmo, mantém a faculdade de exercício do direito de revogação. A utilização do capital não preclude a revogação do contrato de crédito.

No caso de atraso superior a 30 dias na restituição e no pagamento dos valores mencionados, há que apurar se aquele é indevido ou não. Caso a mora seja imputável ao consumidor impor-se-á o pagamento de juros.

Informação e direitos relativos aos contratos de crédito   83

Sendo este o regime consagrado, impõe-se tecer algumas considerações em relação a determinadas situações, às quais cremos que não se pode aplicar inteiramente o regime assinalado. Figuremos dois exemplos.

Em sede de contratos coligados, a regra é a de que o credor entrega directamente o valor mutuado (*v.g.*, 20.000 €) ao fornecedor. Ora, do exercício do direito de revogação decorre um dever de pagamento (do capital e dos juros vencidos desde o momento da utilização do crédito e até que seja entregue o valor mutuado), num dado prazo. Essa obrigação de restituição do capital a cargo do consumidor, atentos os valores envolvidos e sendo certo que o beneficiário do crédito nada recebeu, pode gerar a impossibilidade de exercício do direito de revogação e assim, indirectamente, ocorrer a derrogação do preceito, que tem cariz imperativo. Cremos que nesta hipótese, o exercício do direito de revogação não pode onerar o consumidor. Cabe ao vendedor – e não ao consumidor – a entrega do valor mutuado (o capital) ao credor, devendo o consumidor restituir, por sua vez, o objecto alienado ao fornecedor (no pressuposto de que foram revogados os dois contratos (de mútuo e de compra e venda) à luz do art. 18.º do DL 133/2009). Aproveitamos aqui a razão de ser do art. 18.º, n.º 4 do DL 133/2009.

Imagine-se agora que o contrato de crédito é celebrado sem que haja entrega do exemplar do contrato ou sem que tenham sido prestadas as informações devidas sobre o direito ao consumidor, de sorte que o prazo para revogar ainda nem sequer se iniciou. Logo após a conclusão do contrato de crédito, é entregue o dinheiro ao consumidor, que o utiliza. Sem prejuízo da aplicação do regime da nulidade (por falta de entrega do exemplar) ou da anulação (por omissão de informação sobre o direito de revogação), a revogação do contrato pelo consumidor, por hipótese 5 dias após a entrega do exemplar (que ocorreu 40 dias depois da respectiva conclusão), suscita a questão de saber até que ponto são devidos juros a contar da utilização do capital. Ora, dado que foi o próprio credor que contribuiu para a utilização do capital sem que o consumidor conhecesse o conteúdo do contrato de crédito, cremos que tais juros não são devidos.

Cabe ainda referir, tendo em conta o valor da expedição da declaração de revogação – que faz, desde logo, operar os respectivos efeitos pretendidos –, que o risco de atraso na recepção da declaração transfere-se, em princípio, para o dador de crédito. Subjaz à orientação legislativa a seguinte premissa: se ocorreu um facto não imputável ao consumidor e, paralelamente, se ele fez tudo o que estava ao seu alcance para que o credor recebesse a declaração de revogação, então não há razões para não a considerar eficaz. Assim, se ocorre uma greve nos correios, sendo que a carta chegou ao poder do destinatário largos dias após a sua expedição, a declaração de revogação mantém-se eficaz, devendo o consumidor fazer a prova do envio atempado.

Quanto ao risco da perda da declaração, só é sustentável a sua transferência para o dador de crédito se se entender que a forma escolhida para o envio da declaração é a adequada (*v.g.*, a carta registada com aviso de recepção). Não pode desproteger-se o credor, onerando-o com tal risco, se o consumidor não é suficientemente diligente. Também aqui a prova da remessa diligente onera o consumidor.

Anotação ao n.° 5

O número em causa tem na sua base o art. 14.°, n.° 4, 2.ª e 3.ª frases da Dir. 2008/48/CE.

Estabelece-se agora a forma de cálculo dos juros a pagar pelo consumidor, quando eles sejam devidos. Atende-se à taxa nominal estipulada ente as partes, que é aplicada numa base anual ao montante do crédito utilizado (cfr. o art. 4.°, n.° 1, al. j) do DL 133/2009).

Na relação credor/consumidor este é o único valor a pagar. Não pode assim prever-se no contrato outras indemnizações, nomeadamente sob a forma de cláusula penal. Se tal fosse permitido não só se estaria a desvirtuar o direito de revogação, como também se estaria a tornar supletiva a regra (injuntiva) em causa.

Por fim, não deixa de se relevar – havendo neste aspecto larga proximidade com o art. 8.°, n.° 3, parte final do DL 359/91 – que o consumidor deve pagar uma indemnização ao credor por eventuais despesas por este suportadas perante quaisquer entidades da Administração Pública (*v.g.*, a nível de impostos), posto que não susceptíveis de reembolso.

Anotação ao n.° 6

O número em causa tem na sua base o art. 14.°, n.° 5 da Dir. 2008/48/CE: prevê-se aí a não aplicabilidade das regras relativas ao direito de revogação nos casos de contratação à distância de serviços financeiros e de contratação ao domicílio. A regra explica-se em razão do art. 15.°, n.° 1 da Dir. 2008/48/CE, ou seja, a repercussão da revogação do contrato de fornecimento no contrato de crédito ligado.

Informação e direitos relativos aos contratos de crédito   85

A solução estendeu-se a todas as hipóteses em função da conexão contratual resultante do art. 18.°, n.° 1 do DL 133/2009: o direito de revogação do contrato de crédito tem repercussão nos contratos de fornecimento que estão com ele conexos, pelo que se mostra, em princípio, desnecessária a manutenção de igual direito num outro diploma que o conceda.

ARTIGO 18.°
Contrato de crédito coligado

1 — A invalidade ou a ineficácia do contrato de crédito coligado repercute-se, na mesma medida, no contrato de compra e venda.

2 — A invalidade ou a revogação do contrato de compra e venda repercute-se, na mesma medida, no contrato de crédito coligado.

3 — No caso de incumprimento ou de desconformidade no cumprimento de contrato de compra e venda ou de prestação de serviços coligado com contrato de crédito, o consumidor que, após interpelação do vendedor, não tenha obtido deste a satisfação do seu direito ao exacto cumprimento do contrato, pode interpelar o credor para exercer qualquer uma das seguintes pretensões:

a) **A excepção de não cumprimento do contrato;**

b) **A redução do montante do crédito em montante igual ao da redução do preço;**

c) **A resolução do contrato de crédito.**

4 — Nos casos previstos nas alíneas *b*) ou *c*) do número anterior, o consumidor não está obrigado a pagar ao credor o montante correspondente àquele que foi recebido pelo vendedor.

5 — Se o credor ou um terceiro prestarem um serviço acessório conexo com o contrato de crédito, o consumidor deixa de estar vinculado ao contrato acessório se revogar o contrato de crédito nos termos do artigo 17.° ou se este se extinguir com outro fundamento.

6 — O disposto nos números anteriores é aplicável, com as necessárias adaptações, aos créditos concedidos para financiar o preço de um serviço prestado por terceiro.

Comentário em geral

A norma em análise trata do problema de saber se e, em caso afirmativo, em que medida as vicissitudes ocorridas num contrato se repercutem no outro com ele conexo.

O art. 15.° da Directiva 2008/48/CE protege o consumidor, através do mecanismo da propagação no outro negócio das vicissitudes ocorridas no contrato ligado, nos seguintes casos:

– de revogação do contrato de compra e venda ou de prestação de serviços; e
– de incumprimento ou de desconformidade da coisa com o contrato de compra e venda.

A regra de direito interno estende o alcance da protecção do consumidor a outras hipóteses. Com efeito, o preâmbulo, em termos gerais, admite uma protecção superior, afirmando que "caso não existam essas disposições harmonizadas, os Estados-Membros deverão continuar a dispor da faculdade de manter ou introduzir legislação nacional (considerando 9 da Directiva)". Acresce que no Considerando 37 se assinala, a propósito do direito de revogação do contrato de compra e venda, que "tal não deverá afectar a legislação nacional aplicável aos contratos de crédito ligados caso um contrato de compra tenha sido declarado nulo ou o consumidor tenha exercido o seu direito de retratação nos termos do direito interno". Nestes termos, o legislador optou por conferir, por um lado, uma protecção similar ao regime do DL 359/91, alargando, por outro, o alcance do art. 15.°, n.° 1 da Directiva 2008/48/CE, pois esta só se refere à revogação do contrato de compra e venda.

De notar que este número está intimamente ligado ao art. 4.°, n.° 1, al. o) deste diploma, que define contrato de crédito coligado, pelo que se remete para a correspondente anotação.

Anotação ao n.° 1

O texto comunitário nada especifica quanto a uma possível conexão contratual se ocorrer uma qualquer vicissitude no contrato de crédito.

Diversamente, o art. 12.°, n.° 1 do DL 359/91 (ao invés, do que sucedia na Dir. 87/102/CEE), relevando o contrato de crédito como principal, previa já uma tal propagação de vicissitudes em termos muito amplos – quer ao nível da invalidade, quer ao nível da ineficácia – no contrato oposto (o de compra e venda).

O regime revogado mantém-se na disciplina do presente, indo portanto para além daquilo que prevê a Dir. 2008/48/CE.

Altera-se agora a sequência seguida no art. 12.°, n.° 1 do DL 359/91, invertendo-se a mesma. Aí aludia-se, em primeiro lugar, ao contrato de compra e venda e por fim ao contrato de crédito, que era visto aqui como o principal. Agora começa por se destacar o contrato principal: o de crédito.

Modificam-se, formulando agora na negativa, os termos "validade" e "eficácia" – como resultava do art. 12.°, n.° 1 do DL 359/91 – em razão de serem esses os tipos de vicissitudes ocorridas e que se repercutem no outro negócio.

No tocante à invalidade do contrato de crédito, seja por via da nulidade (*v.g.*, por falta de entrega do exemplar do contrato no momento da assinatura), seja por via da anulação (*v.g.*, em razão da omissão de informação quanto ao exercício do direito de revogação), o consumidor tem a possibilidade de fazer repercutir no contrato oposto a correspondente vicissitude, afectando-o na "mesma medida".

Por uma questão de economia de meios e financeira, deve o consumidor instaurar a correspondente acção também contra o vendedor, no sentido da propagação da invalidade no outro negócio. Não é, pois, do interesse do consumidor actuar contra o fornecedor posteriormente. Este caminho – a propositura de uma única acção contra credor e vendedor – tem sido já seguido. Até à data, em razão da similitude das regras (o art. 12.°, n.° 1 e o art. 18.°, n.° 1), uma outra situação tem ocorrido com frequência. Em razão da inércia do consumidor, é o próprio credor que se serve frequentemente do título cambiário, subscrito por aquele, para instaurar a correspondente acção executiva. Em sede de oposição à execução, o consumidor pode alegar factos que em processo declarativo constituem matéria de excepção. Desta sorte, é admissível que invoque a nulidade ou a anulabilidade do contrato de crédito (fundamentando a respectiva posição), no sentido de evitar o prosseguimento da acção executiva. Mas, nessa acção, o consumidor apenas pode defender-se no sentido de paralisar a execução. Ao tribunal, nesse quadro, nem sequer é legítimo, *v.g.*, declarar a nulidade do contrato de crédito. Caso haja fundamento de invalidade, apenas afirmará que "procede a oposição à execução".

Quanto à ineficácia do contrato de crédito, a livre revogação ou a resolução por incumprimento (do financiador) integram, entre outras o alcance da disposição. Em qualquer destes casos especificamente assinalados, a repercussão pode operar extrajudicialmente.

Anotação ao n.° 2

Diversamente do que sucede com o n.° 1, o texto comunitário alude à hipótese de revogação do contrato de compra e venda e à sua repercussão no contrato de crédito (tal possibilidade está já enunciada no DL 143/2001, embora assente numa noção de contratos coligados ligeiramente diversa).

Tomando como pano de fundo o contrato de compra e venda (o negócio principal), o número em análise vai mais longe que a Dir. 2008/48/CEE. Com efeito, contemplam-se quer a invalidade, quer a livre revogação, permitindo-se a repercussão dessas vicissitudes no negócio oposto – o contrato de crédito.

Em relação à primeira hipótese, diga-se que inexistia norma protectora do consumidor que ligasse a venda ao financiamento quando aquela fosse inválida. Um pequeno exemplo permite constatar a necessidade de protecção do consumidor: a venda é anulável, em razão do dolo do fornecedor; o consumidor pretende obter uma sentença de anulação do negócio; apesar disso, o crédito concedido para a financiar parece manter-se de pé. Esta questão teve, porém, repercussão doutrinária e jurisprudencial, tendo a doutrina e a jurisprudência dominantes sustentado também aqui a conexão entre os contratos à luz do art. 12.º, conquanto uns defendessem o recurso ao n.º 1 (GRAVATO MORAIS, Contratos de crédito ao consumo, cit., pp. 267 ss.) e outros se apoiassem no n.º 2, cujos requisitos eram de preenchimento mais difícil (Ac. Rel. Porto, de 18.12.2003 (PINTO DE ALMEIDA), www.dgsi.pt). Dá-se assim expressão ao entendimento largamente maioritário, permitindo-se a repercussão da invalidade da compra e venda.

Quanto à segunda possibilidade, cumpre-se o disposto no art. 15.º, n.º 1 da Dir. 2008/48/CE. Assim, o exercício do direito de livre revogação do contrato de compra e venda é repercutível no contrato de crédito coligado.

Anotação ao n.º 3

No mesmo quadrante, ou seja, o da vicissitude que afecta o contrato de compra e venda e da sua propagação ao contrato de crédito, cura-se agora do problema do incumprimento (omissão de entrega da coisa) ou da desconformidade da coisa com o contrato de compra e venda (quanto à desconformidade com o contrato, ver o art. 2.º do DL 67/2003). É este o ponto de partida, com similar expressão no revogado art. 12.º, n.º 2 do DL 359/91.

Verificada uma das hipóteses assinaladas, exige-se que o consumidor actue perante o vendedor, interpelando-o tendo em vista o exacto cumprimento do contrato (a entrega da coisa, a reparação da coisa ou a substituição da coisa, conforme o caso). Em sede de desconformidade, não se pode perder de vista o art. 4.° do DL 67/2003, que consagra os (4) direitos do consumidor, estabelecendo-se uma alternatividade (a nosso ver, não pura) entre dois grupos de pretensões (reparação ou substituição da coisa e redução do preço ou resolução do contrato, que por agora não nos interessam).

Apenas quando o consumidor não obtém do vendedor a satisfação do direito ao exacto cumprimento do contrato é que se justifica imiscuir o credor neste conflito.

Repare-se que tal "não satisfação" pode ser temporária (*v.g.*, após a primeira reparação mal efectuada) ou definitiva (por exemplo, no caso de insolvência do vendedor, de encerramento do estabelecimento comercial do vendedor ou a fuga do fornecedor para o estrangeiro, de impossibilidade definitiva de realização da pretensão, de recusa definitiva ou séria do vendedor em cumprir; tendencialmente, a partir da segunda tentativa fracassada da reparação).

Verificado o circunstancialismo descrito, o consumidor pode dirigir--se ao financiador. Alude-se agora acertadamente à interpelação do credor, afastando-se o termo "demanda" constante do art. 12.°, n.° 2, proémio do DL 359/91, que todavia não gerou, no pretérito, qualquer polémica, já que a posição largamente dominante assinalava não ser necessário ao consumidor instaurar uma acção perante o credor para exercer os seus direitos (o que lhe permitia, *v.g.*, suspender o pagamento das prestações do empréstimo).

Desta sorte, manteve-se o regime da subsidiariedade de grau reduzido – que entendemos aplicável, a par da nossa jurisprudência, já no actual art. 12.°, n.° 2 DL 359/91 (Gravato Morais, União de contratos de crédito e de venda para consumo, cit., pp. 79 ss.).

Deve dizer-se que se poderia eventualmente ter ido um pouco mais além, optando pelo regime da solidariedade entre credor e vendedor – pois o art. 15.°, n.° 2 da Directiva 2008/48/CE o permite expressamente –, a par do que já sucede nalguns países, como a Inglaterra (desde 1974). Entendemos, no entanto, que a queda do elemento "exclusividade" – principal entrave à aplicabilidade do art. 12.°, n.° 2 do DL 359/91 –, já beneficia substancialmente o consumidor a crédito, sendo que se mostraria bastante exigente e desproporcionada para o credor a consagração de tal regime nessas circunstâncias.

No tocante às pretensões a invocar perante o credor – posto que não obtida, junto do vendedor, a satisfação do direito ao exacto cumprimento do contrato –, opta-se agora pela enumeração de três pretensões.

Dá-se expressão ao entendimento generalizado na doutrina e nos nossos tribunais quanto aos meios de defesa do consumidor junto do financiador.

Assim, o consumidor pode dirigir-se ao credor, exercendo os correspondentes remédios jurídicos – a excepção de não cumprimento do contrato, a redução do montante do crédito ou a resolução do contrato de crédito – na medida, e apenas na medida, em que não obtém a satisfação (temporária, no primeiro caso, ou definitiva, nas segunda e na terceira hipóteses) do seu direito.

Confere-se relevo ao art. 15.º, n.º 2 da Directiva 2008/48/CE, que remete para os direitos nacionais "a medida e as condições em que pode ser exercido" o direito do consumidor perante o credor.

Quadro legal da repercussão da venda no crédito em caso de incumprimento/desconformidade

Pretensões do consumidor junto do vendedor	Pretensões do consumidor perante o credor
Exacto cumprimento do contrato (entrega da coisa, reparação da coisa ou substituição da coisa)	Excepção de não cumprimento do contrato
Redução do preço	Redução do montante do crédito
Resolução do contrato de compra e venda	Resolução do contrato de crédito

Pode questionar-se se a enumeração, constante das referidas três alíneas, é taxativa. Cremos que não. De todo o modo, entendemos que o consumidor não pode obter do credor a entrega, a reparação ou a substituição da coisa. No entanto, configuramos como possível que o consumidor possa obter do financiador uma indemnização pelos danos directos, no caso de desconformidade da coisa com o contrato (GRAVATO MORAIS, União de contratos de crédito e de venda para consumo, cit., pp. 224 ss.).

De notar ainda que os prazos de garantia legal, de denúncia do defeito e para o exercício dos direitos (cfr. arts. 5.º e 6 do DL 67/2003, com a redacção dada pelo DL 84/2008) que se o consumidor deve observar junto do vendedor não se estendem ou modificam pelo facto de existir aqui um terceiro, perante quem se podem exercer os correspondentes direitos.

Informação e direitos relativos aos contratos de crédito   91

Realce-se que se o vendedor conceder uma garantia voluntária (para além da legal, portanto), o consumidor deixa de ter após o decurso do prazo da garantia legal a possibilidade de exercer os correspondentes direitos perante o financiador.

Ver ainda sobre este tema, CARLOS FERREIRA DE ALMEIDA, Direito do Consumo, cit., pp. 188 ss.

Anotação ao n.º 4

O número em análise tem carácter inovador, não só em relação à Directiva 2008/48/CE, como também no confronto com o art. 12.º do DL 359/91.

Regula-se agora um particular aspecto das "relações de liquidação" subsequentes à redução do preço e à redução do montante do crédito e à resolução dos contratos de compra e venda e de crédito.

Por força dos respectivos regimes gerais, em qualquer dos casos mencionados, ao consumidor que exerce o direito à redução do montante do crédito ou à resolução do contrato de crédito é permitido recusar (parcialmente, em função do valor reduzido, ou totalmente no caso de resolução) o pagamento das prestações vincendas.

Restava, para efeito de tutela do consumidor, garantir que o valor do capital mutuado não lhe pudesse ser exigido pelo credor, devendo este dirigir-se ao vendedor para o efeito.

Só assim se transfere (do consumidor) para o credor o risco de insolvência do vendedor, impedindo o financiador de exigir do beneficiário do crédito a restituição do montante do crédito recebido pelo vendedor.

Concretizemos.

Aceitamos a tese da dependência intrínseca existente entre duas das pretensões restitutórias, a saber: o direito do comprador ao reembolso do preço (ou de parte do preço) da aquisição (por parte do vendedor) e a pretensão do credor à restituição do montante mutuado (que incumbe ao consumidor). Isto porque o valor que o consumidor deveria restituir ao financiador é, nem mais nem menos, aquilo que o vendedor recebeu (directamente do credor) em cumprimento do contrato de compra e venda (e refira-se também a quantia que o consumidor recebeu como execução do contrato de crédito). A dependência estreita entre estas pretensões, atenta a finalidade da norma em causa pressupõe, pelo menos, que o credor não possa esperar que o consumidor cumpra a obrigação de restituição, enquanto não receber do vendedor o preço da aquisição.

Mas o legislador foi mais além, atendendo ao conjunto de circunstâncias fácticas subjacente à operação complexa e aos interesses em jogo. O crédito foi contraído em vista da aquisição e nessa medida concedido. Por sua vez, credor e vendedor colaboram entre si, em vista de fins específicos. O pagamento do preço da aquisição é realizado, em regra, pelo credor directamente ao vendedor. Acresce que o vendedor – tal como o consumidor – beneficia também do crédito concedido.

Assim, o credor, embora sendo formalmente estranho ao contrato de compra e venda, tem um interesse próprio na operação complexa, pelo que alguns dos efeitos do contrato (de compra e venda) se repercutem na sua esfera jurídica. Decorrem daqui duas consequências: do lado do consumidor, a faculdade de exercício do direito de resolução e da pretensão restitutória correspondente, mas também – inversamente – a transmissão *ope legis* para o credor (por efeito da relação de liquidação ocorrida no quadro desta coligação de contratos) do direito a exigir do vendedor (e não do consumidor) o montante mutuado. Só deste modo se transfere do consumidor para o credor o risco de insolvência do vendedor.

A solução não é excessiva. O dador de crédito, atenta a relação de colaboração que mantém com o vendedor, pode controlar e acautelar (contratualmente) não só o risco de incumprimento contratual, mas sobretudo o risco de insolvência daquele.

Cfr., sobre este aspecto específico e neste sentido, GRAVATO MORAIS, União de contratos de crédito e de venda para consumo, cit., pp. 197 ss.

Anotação ao n.° 5

O número transpõe para a ordem interna o art. 14.°, n.° 4 da Dir. 2008/48/CE, embora se conceda uma maior amplitude a essa mesma disposição. Com efeito, visa o texto comunitário uma aplicação limitada aos casos de revogação do contrato de crédito, propagando-se essa extinção ao contrato acessório conexo (em regra um contrato de seguro). Cremos que, a par do que tem defendido a doutrina e a jurisprudência portuguesas, que tal deve estender-se em qualquer caso de extinção pelo consumidor do contrato de crédito (GRAVATO MORAIS, Contratos de crédito ao consumo, cit., pp. 371 ss.).

A questão tem-se suscitado em razão de frequentemente o consumidor aderir, com a subscrição do contrato de crédito, a um seguro a este associado.

Normalmente, o próprio financiador aquando da celebração do negócio, refere que, por um valor baixo, que acresce à prestação mensal, o consumidor pode beneficiar do pagamento por outrem da dívida – e assim de uma protecção mais ou menos ampla – se se verificar alguma das vicissitudes contempladas.

São várias as modalidades de seguros propostos, assim como os riscos cobertos, a saber: um seguro de vida (que vincula a entidade seguradora à realização da prestação acordada se a pessoa segura falecer antes do termo do contrato de crédito); um seguro complementar do ramo vida (são aqui abrangidos danos derivados de invalidez total e permanente por acidente da pessoa segura e de invalidez absoluta e definitiva por acidente ou por doença da pessoa segura); um seguro de *plano de protecção de pagamentos* (engloba os riscos de incapacidade temporária absoluta para o trabalho por doença ou acidente, desde que por período superior a 30 dias e o de desemprego involuntário quanto aos trabalhadores por conta de outrem).

Desta sorte, a invalidade do contrato de crédito projecta-se no concreto contrato de seguro (para além da sua possível propagação em sentido oposto, ou seja no contrato de compra e venda).

A resolução do contrato de crédito pelo consumidor fundada em incumprimento do financiador repercute-se, nos mesmos termos, no contrato de seguro associado, tal como a resolução da venda (por incumprimento do fornecedor), caso se propague ao crédito, afecta igualmente, embora reflexamente o seguro a este associado (GRAVATO MORAIS, Contratos de crédito ao consumo, cit., pp. 371 ss.).

Anotação ao n.° 6

Trata-se agora de estender o regime que tem na sua base o contrato de compra e venda financiado à prestação de serviços financiada, assumindo aqui particular relevo a empreitada. Técnica idêntica se seguiu, de resto, no art. 12.°, n.° 3 do DL 359/91.

ARTIGO 19.°
Reembolso antecipado

1 — O consumidor tem o direito de, a todo o tempo, mediante pré-aviso ao credor, cumprir antecipadamente, parcial ou totalmente, o contrato de crédito, com correspondente redução do custo total do crédito, por via da redução dos juros e dos encargos do período remanescente do contrato.

2 — O prazo de pré-aviso a que se refere o número anterior não pode ser inferior a 30 dias de calendário e deve ser exercido através de comunicação ao credor, em papel ou noutro suporte duradouro.

3 — O credor tem direito a uma compensação, justa e objectivamente justificada, pelos custos directamente relacionados com o reembolso antecipado, desde que tal ocorra num período em que a taxa nominal aplicável seja fixa.

4 — A compensação a que se refere o número anterior traduz-se no pagamento, pelo consumidor, de uma comissão de reembolso antecipado que não pode exceder 0,5% do montante do capital reembolsado antecipadamente, se o período decorrido entre o reembolso antecipado e a data estipulada para o termo do contrato de crédito for superior a um ano, não podendo aquela comissão ser superior a 0,25% do montante do crédito reembolsado antecipadamente, se o mencionado período for inferior ou igual a um ano.

5 — O credor não pode exigir ao consumidor qualquer comissão de reembolso por efeito do reembolso antecipado do contrato de crédito:

a) Se o reembolso tiver sido efectuado em execução de contrato de seguro destinado a garantir o reembolso do crédito; ou

b) No caso de facilidade de descoberto; ou

c) Se o reembolso ocorrer num período em que a taxa nominal aplicável não seja fixa.

6 — Em nenhum caso a comissão referida nos números anteriores pode exceder o montante dos juros que o consumidor teria de pagar durante o período decorrido entre o reembolso antecipado e a data estipulada para o termo do período de taxa fixa do contrato de crédito.

Comentário em geral

O preceito em causa corresponde ao art. 16.º da Dir. 2008/48/CE, que mantém a epígrafe da versão portuguesa do texto comunitário, que alude a "reembolso antecipado". Ao invés, o art. 9.º do DL 359/91 já se refere a "cumprimento antecipado", o que nos parecia preferível, pois é disso que se trata.

Gerem-se dois interesses de cariz oposto: o do financiador em manter aplicado o capital na vigência do contrato, percebendo assim os juros remuneratórios (e os outros encargos); o interesse (simétrico) do consumidor em aproveitar o crédito concedido por todo o tempo acordado. Há que saber, pois, em que medida se admite a rejeição pelo consumidor do benefício do prazo e como é que isso se repercute na esfera do dador de crédito.

Refira-se, desde já, que a norma em causa é, a vários níveis, bem mais protectora do consumidor do que a disposição já existente.

Anotação ao n.º 1

Semelhantemente ao art. 9.º do DL 359/91, o cumprimento antecipado, regulado no art. 19.º do DL 133/2009, é aplicável a qualquer contrato de crédito, não prescinde de um prazo de pré-aviso, tendo o consumidor a faculdade de optar, em qualquer momento do contrato e de forma voluntária, pelo cumprimento antecipado, que pode ser parcial ou total.

Mas a regra actual tem melhoramentos significativos:

- a amortização parcial não tem agora limitações quantitativas, ao contrário da regra revogada, nos termos da qual só podia verificar-se uma vez (art. 9.º, n.º 2 DL 359/91), conquanto fosse admissível, por convenção contratual, o cumprimento prévio em duas ou mais vezes;
- o cumprimento antecipado (total ou parcial) provoca, com a nova regra, uma redução plena e absoluta do custo total do crédito, operando-se uma diminuição correspondente dos juros e dos encargos do período em falta, ao invés do que sucedia no pretérito, onde uma complexa fórmula de cálculo, resultante do art. 9.º, n.º 1 do DL 359/91, determinava a sua realização em função de uma taxa de actualização correspondente a uma percentagem mínima de 90% da taxa de juro em vigor naquela altura.

Anotação ao n.º 2

Continua a exigir-se um prazo de pré-aviso ao credor – que nos termos da lei antiga era de 15 dias, embora pudesse por convenção ser superior, já que se aludia a uma "antecedência mínima" (art. 9.º, n.º 3 do DL 359/91) –, acautelando-se, deste modo, o seu interesse quanto ao conhecimento antecipado do exercício do direito.

Esse pré-aviso a conceder pelo consumidor é, pelo menos, de 30 dias de calendário, duplicando-se assim o prazo mínimo anterior, tutelando-se assim o credor em relação à norma antiga.

Quanto à forma do exercício deste direito, exige-se a comunicação ao financiador "em papel ou noutro suporte duradouro", ao invés do mero "aviso" àquele dirigido (art. 9.º, n.º 3 DL 359/91).

Anotação ao n.º 3

Estabelece-se neste número, o que tem repercussão nos subsequentes, um regime específico aplicável a determinadas hipóteses, isto é, quando a taxa nominal (que representa a taxa de juro expressa numa percentagem aplicada numa base anual ao montante do crédito utilizado) é fixa no período em que opera a compensação. Esta distinção não se efectuava no regime do pretérito.

Assim, o credor tem direito a uma compensação justa e objectivamente justificada pelos custos directos provocados pelo cumprimento antecipado (definida no número seguinte).

Inversamente, se a taxa nominal do contrato de crédito é variável ou é variável no período em que opera o cumprimento antecipado, o credor não tem direito a qualquer compensação.

Daqui se infere que, do ponto de vista do credor, pode ser mais vantajosa a estipulação de uma taxa de juro fixa na vigência do contrato de crédito ou, quando muito, na metade final do período de duração do contrato, atenta a previsibilidade de o cumprimento antecipado poder ocorrer predominantemente nesse período.

Anotação ao n.º 4

Estabelece-se o regime do direito à compensação do credor, em especial os limites percentuais máximos em função do período que decorre entre o momento do cumprimento antecipado (ou melhor, a data em que o prazo de pré-aviso exigível para esse efeito se esgota) e o termo do contrato.

Tal compensação concretiza-se no pagamento ao financiador de uma "comissão de reembolso antecipado".

Os critérios a ter em conta para efeito de determinação da percentagem a pagar pelo consumidor tem na sua base os seguintes parâmetros: o período que medeia entre o momento em que o prazo de pré-aviso para efeito de reembolso antecipado se esgota e o fim do contrato; o montante do crédito/capital reembolsado antecipadamente. Assim,

- se esse período é superior a um ano, a comissão de reembolso não pode exceder 0,5% sobre montante do capital entregue;
- se esse período é inferior ou igual a um ano, a comissão de reembolso não pode ultrapassar 0,25% sobre o montante do capital entregue.

Afasta-se assim o diploma do texto comunitário, que prevê percentagens diversas (respectivamente 1% e 0,5% – art. 16.º, n.º 2, § 2), reduzindo-as para metade, mantendo-se, no entanto, o critério proporcional entre as percentagens (o do dobro) previstas na Dir. 2008/48/CE.

Note-se que a regra aplica-se igualmente no caso de cumprimento antecipado parcial. Deve atender-se ao mesmo critério: há que contabilizar o período temporal entre o momento em que se esgota o prazo de pré-aviso e o termo do contrato; a percentagem, da comissão é de 0,5% ou de 0,25% consoante esse período seja superior a um ano ou não o exceda. O cumprimento antecipado parcial é assim mais penalizador para o consumidor, em virtude de na maior parte dos casos não ocorrer quando falta menos de um ano para o termo do contrato.

Pode discutir-se o problema de saber o que sucede nos contratos de crédito por tempo indeterminado (no pressuposto que a taxa nominal é fixa – o que não será a regra, a nosso ver –, pois só aqui é que se pode falar de comissão de reembolso). Ser-lhes-á aplicável o regime geral dos n.ºs 1 e 2, atendendo a que a norma apenas se refere ao período que medeia entre o reembolso antecipado e o termo do contrato convencionado. Dado que o prazo de pré-aviso de denúncia do contrato é curto – 1 mês para o consumidor –, cremos que se aplica o regime geral, inexistindo, portanto, qualquer direito do credor a ser compensado.

Anotação ao n.° 5

Prevêem-se no número 5 três casos de exclusão da comissão de reembolso antecipado. Todos eles resultam expressamente do texto comunitário (art. 16.°, n.° 3, als. a) a c) da Dir. 2008/48/CE).

Na primeira hipótese, destaca-se a execução do contrato de seguro que assegura o reembolso do crédito. A verificação do sinistro (*v.g.*, a morte, a incapacidade, o desemprego do consumidor) desencadeia o cumprimento antecipado (que pode ser parcial) do contrato de crédito, mas o financiador não pode exigir do consumidor qualquer comissão de reembolso.

No segundo caso, determina-se que na facilidade de descoberto – que decorre de um contrato expresso em que o consumidor pode dispor de fundos que excedam o saldo da sua conta corrente –, não há lugar ao pagamento de qualquer comissão de reembolso.

A terceira e última exclusão diz respeito a um caso já assinalado: reforça-se assim a ideia de que é inaplicável o regime da compensação no período em que a taxa nominal é fixa.

O legislador interno não relevou as várias hipóteses ao seu dispor, apesar de a Dir. 2008/48/CE assim o facultar, designadamente a possibilidade de o credor excepcionalmente pedir uma indemnização superior a qualquer das percentagens assinaladas, desde que provasse que sofreu danos nessa medida (art. 16.°, n.° 4, al. b) da Dir. 2008/48/CE).

Anotação ao n.° 6

Estabelece-se, por fim, uma nova limitação quanto ao valor da comissão de reembolso a ser paga, caso se verifique o circunstancialismo descrito, pelo consumidor.

Nestes termos, a importância a pagar não pode exceder o montante dos juros que o consumidor teria de pagar no período assinalado: entre o reembolso antecipado e o termo do contrato (sendo este o exacto significado da expressão utilizada na parte final do número em comentário "termo do período de taxa fixa no contrato de crédito")

ARTIGO 20.°
**Não cumprimento do contrato de crédito
pelo consumidor**

1 — Em caso de incumprimento do contrato de crédito pelo consumidor, o credor só pode invocar a perda do benefício do prazo ou a resolução do contrato se, cumulativamente, ocorrerem as circunstâncias seguintes:

a) **A falta de pagamento de duas prestações sucessivas que exceda 10% do montante total do crédito;**

b) **Ter o credor, sem sucesso, concedido ao consumidor um prazo suplementar mínimo de 15 dias para proceder ao pagamento das prestações em atraso, acrescidas da eventual indemnização devida, com a expressa advertência dos efeitos da perda do benefício do prazo ou da resolução do contrato.**

2 — A resolução do contrato de crédito pelo credor não obsta a que este possa exigir o pagamento de eventual sanção contratual ou a indemnização, nos termos gerais.

Comentário em geral

A Directiva 2008/48/CEE não estabelece qualquer regra sobre o não cumprimento do contrato de crédito pelo consumidor, ao contrário do que sucedia com a proposta de Directiva Comunitária – antes da sua versão definitiva publicada em 2005 – consagrava uma norma semelhante, exigindo uma notificação prévia dirigida ao consumidor para proceder ao pagamento num prazo razoável.

O anteprojecto do Código do Consumidor de 2006 destacava a matéria, no art. 297.º, consagrando uma norma que apresentava certas semelhanças com o art. 934.º CC – embora bastantes diferenças –, concedendo por essa via uma protecção ao consumidor a crédito, em virtude de impedir o credor de invocar a perda do benefício do prazo ou de resolver o contrato se não estivessem preenchidos dados pressupostos.

A regra do anteprojecto tem a sua origem, segundo cremos, no § 498 do BGB, para o qual também remete o § 503, Abs 2, S. 1 do BGB, já que os requisitos consagrados são-lhe muito próximos.

A disposição em comentário é bastante mais simplificada em relação ao anteprojecto do Código do Consumidor de 2006, como teremos oportunidade de constatar.

Anotação ao n.º 1

Estão em causa os requisitos de aplicabilidade de dois institutos, de alcance diverso, justamente a perda de benefício do prazo e a resolução do contrato, que *in casu* são similares. Tal como já o são no regime da venda a prestações (art. 934.º CC), embora aí se adicionem outros caracteres.

O emprego de tais figuras deixa de estar sujeito ao regime geral do art. 781.º CC, na hipótese de perda do benefício do prazo, ou à cláusula resolutiva aposta invariavelmente nos contratos de crédito ao consumo, que determinava como causa da extinção a falta do pagamento de uma só prestação, verificando-se agora uma restrição assinalável no tocante ao seu exercício, para efeito de protecção do consumidor.

Em primeiro lugar, destaca-se o incumprimento do dever de pagamento das prestações relativas ao contrato de crédito, desde que tal inadimplemento seja imputável ao consumidor (ver o proémio do número em análise). Assim, se, *v.g.*, este último invocou legitimamente a excepção de não cumprimento ou se há mora do credor (aqui o dador de crédito), fica precludida a possibilidade de invocação deste preceito.

Seguidamente, a al. a) impõe dois ulteriores requisitos. Por um lado, é preciso que ocorra a falta de pagamento de duas prestações sucessivas. O não cumprimento de uma prestação ou de duas prestações não consecutivas (portanto, alternadas) não permite ao credor accionar qualquer dos mecanismos citados. Por outro lado, determina-se que a falta de pagamento ultrapasse 10% do montante total do crédito, ou seja, que exceda

1/10 dessa quantia. Em relação aos (similares) requisitos do art. 934.° CC duplica-se o número de prestações (de 1 para 2) e aumenta-se o valor percentual em causa (de 1/8 para 1/10).

Por fim, ainda se exige, verificado o condicionalismo descrito, uma interpelação do consumidor sujeita a dados requisitos:

- a fixação de um prazo suplementar de, pelo menos, 15 dias (entendido aqui como o limiar razoável, atendendo a que já estão em falta duas prestações sucessivas com um valor global significativo) para pagar as prestações em falta e a indemnização (moratória) devida (na esmagadora maioria dos casos, prevista sob a forma de cláusula penal, à luz do art. 7.°, n.° 2 do DL 344/78, embora aqui possa intervir o disposto no art. 28.° do DL 133/2009, como forma de limitar indirectamente o valor de tal indemnização);
- a cominação expressa dos efeitos da figura em concreto invocada (a perda do benefício do prazo ou a resolução do contrato de crédito); de notar que, naquela hipótese, como de resto já tínhamos defendido (GRAVATO MORAIS, Contratos de crédito ao consumo, cit., pp. 201 ss. e "Perda do benefício do prazo nas dívidas liquidáveis a prestações", Maia Jurídica, 2007, o Ac. Uniformizador de Jurisprudência, de 25.3.2009 (Relator: Juiz Conselheiro CARDOSO DE ALBUQUERQUE), www.dgsi.pt, pronunciou-se no sentido de não serem devidos os juros remuneratórios quanto às prestações vincendas, no quadro do art. 781.° CC, matéria agora regulada pelo preceito em comentário.

Da alínea b) do n.° 1 ressalta a particularidade de a interpelação admonitória exigida ser semelhante para as duas figuras em confronto.

Concluindo, só há lugar à perda do benefício do prazo ou à resolução do contrato de crédito depois de esgotado o prazo quinquenal (ou eventualmente superior) concedido sem que se verifique o pagamento dos valores em causa. Não há aqui, a nosso ver, necessidade de qualquer outra declaração subsequente a esta interpelação. Note-se que confrontando a regra, neste aspecto específico, com a emergente do art. 808.°, n.° 1 do CC, quanto à interpelação admonitória, se consagra expressamente o termo "resolução" em vez de "incumprimento definitivo", o que tem gerado alguma divergência de posições (ver, sobre esta discussão, GRAVATO MORAIS, Contrato-promessa em geral. Contratos-promessa em especial, Coimbra, 2009, pp. 162 e 163)

Anotação ao n.º 2

Este número consagra uma regra semelhante àquela que constava do art. 297.º, n.º 4 Anteprojecto do Código do Consumidor, apenas com a modificação da locução "pena contratual" por "sanção contratual".

De todo o modo, as regras gerais de direito já contemplavam tal possibilidade, apenas se esclarece agora que à resolução do contrato de crédito pode acrescer uma indemnização, normalmente expressa através de cláusula penal.

ARTIGO 21.º
**Cessão de crédito e cessão da posição contratual
do credor**

À cessão do crédito ou da posição contratual do credor aplica-se o regime constante do Código Civil, podendo o consumidor opor ao cessionário todos os meios de defesa que lhe seria lícito invocar contra o cedente, incluindo o direito à compensação.

Comentário em geral

A norma regula a transmissão do crédito – o que já sucedia na Directiva de 102/87/CEE e, consequentemente, no DL 359/91 – e da posição contratual – o que não se reflectia no assinalado texto comunitário. Dá-se pois expressão ao art. 17.º da Dir. 2008/48/CE.

O n.º 1 do art. 17.º da Directiva 2008/48/CE fá-lo sem consagrar especificidades de relevo, apenas acentuando a possibilidade de o consumidor poder opor as correspondentes excepções ao credor, o que já resultava de qualquer dos regimes – da cessão da posição contratual (art. 427.º, n.º 1 CC) ou da transmissão do crédito (art. 585.º CC). Em sede de transposição, o art. 21.º é a expressão da regra da directiva, dado que da cessão não deve resultar uma pior situação para o consumidor a crédito.

Simplificou-se a redacção, visto que o regime comum de direito português assegura a posição do devedor em termos equivalentes ao regime da Dir. 2008/48/CE.

Anotação

Em relação à cessão da posição contratual do credor, há que distinguir, desde logo, o contrato de cessão da posição contratual (o chamado negócio causal) daquele outro que está na sua base – *in casu*, o contrato de crédito ao consumo –, donde, de resto, promana a posição (o conjunto de direitos e deveres) que se transfere.

Ora, determina o art. 424.°, n.° 1 CC que "qualquer das partes tem a faculdade de transmitir a terceiro a sua posição contratual, desde que o outro contraente, antes ou depois da celebração do contrato [de cessão], consinta na transmissão". Refira-se que nos contratos de crédito ao consumo é usualmente aposta uma cláusula, por via da qual o consumidor consente previamente na cessão da posição contratual do financiador. Esta estipulação é perfeitamente válida. Note-se que nos casos em que a aquiescência do consumidor cedido é prévia ao contrato de cessão, impõe-se a notificação (por exemplo, através do envio de uma carta registada com aviso de recepção onde se comunica o facto) ou o seu reconhecimento (*v.g.*, mediante o pagamento das prestações do crédito ao novo financiador) para que produza os respectivos efeitos (art. 424.°, n.° 2 CC).

Na sequência do contrato de cessão, a transferência desdobra-se do seguinte modo: o cedente/financiador perde os créditos (relativos às prestações pecuniárias), os direitos potestativos (*v.g.*, o direito de resolução do contrato de crédito) e as expectativas, assim como se exonera das obrigações, dos deveres e dos estados de sujeição correspondentes; por sua vez, o cessionário/novo financiador adquire os créditos (referentes ao valor das prestações vincendas), os direitos (por exemplo, o direito de resolução do contrato de crédito) e as expectativas, ingressando correspectivamente nos vínculos passivos (deveres, estados de sujeição). Há, porém, direitos potestativos e estados de sujeição que permanecem na esfera jurídica do financiador originário. Note-se que o cedente não assegura ao cessionário o cumprimento das prestações a que se encontra adstrito o consumidor, conquanto se transmitam para ele as garantias (*v.g.*, a fiança ou a hipoteca) subjacentes ao crédito. Releve-se que o financiador originário garante ao cessionário a existência e a validade da posição contratual tal como ela se encontra à data do negócio de cessão, operando esta assim para o futuro e não retroactivamente.

O cessionário é o novo credor, já que sucede na totalidade da posição contratual do financiador originário, tal como ela existia, ressalve-se, ao tempo da cessão. Nesta lógica, o consumidor está adstrito, perante ele, ao pagamento das prestações do crédito. O cumprimento perante o cedente não tem eficácia liberatória. Por outro lado, o consumidor dispõe do direito de opor ao novo financiador os meios de defesa derivados do contrato de crédito ao consumo (art. 427.°, 1.ª parte CC). O normativo tem em

Informação e direitos relativos aos contratos de crédito 103

vista o negócio que está na base da cessão da posição contratual. E, portanto, o que está em causa são as vicissitudes a este ligadas. Desta sorte, se o cessionário/novo financiador instaura uma acção executiva, com fundamento na livrança em branco, o consumidor pode arguir, no sentido de impedir o seu prosseguimento, a nulidade ou a anulabilidade do contrato de crédito. Mas este negócio está frequentemente ligado a um outro, o de compra e venda ou o de prestação de serviços. Ora, as vicissitudes inerentes a qualquer destes podem repercutir-se, ao abrigo do regime da coligação de contratos, no contrato de financiamento, sendo passíveis, de igual modo, de invocação pelo consumidor cedido junto do cessionário. Outra não pode ser a conclusão sob pena de agravamento da posição do consumidor. O art. 10.° DL 359/91 permite justificá-lo: se, no quadro da cessão de créditos, se procura evitar a perda de direitos do consumidor, então quando há lugar à cessão da posição contratual o mesmo raciocínio deve aplicar-se (sobre o tema, ver Gravato Morais, Contratos de crédito ao consumo, cit., pp. 286 ss.).

No tocante à cessão de um crédito ao consumo, refira-se que faz operar a transmissão pelo cedente/financiador a um terceiro (cessionário) de uma parte ou da totalidade do crédito que dispunha sobre outrem (devedor cedido/consumidor). Não existindo quaisquer impedimentos (legais ou de outro tipo) a este negócio, este tem em princípio um carácter oneroso, produzindo efeitos entre as partes na data da sua celebração, deixando imodificado o crédito transferido. Apenas se exige a notificação da transmissão do crédito ao consumidor ou a sua aceitação (art. 583.°, n.° 1 CC).

Com a transferência do crédito para o cessionário, este permanece imutável. Opera-se tão só a substituição do financiador originário, no lado activo da relação jurídica, por um novo credor. Assim, para o cessionário transmitem-se, ao abrigo do art. 582.°, n.° 1 CC, as garantias pessoais e reais (*v.g.*, a fiança, a hipoteca, o penhor) e os outros acessórios do crédito (os juros vincendos, a cláusula penal, os direitos potestativos ligados ao crédito, *v.g.*, a fixação de um prazo suplementar para cumprir). Oposta é a orientação quanto aos direitos potestativos ligados ao contrato de crédito ao consumo donde o crédito promana. Tais direitos permanecem na titularidade do cedente. É o que ocorre, por exemplo, com o direito de anulação ou com o direito de resolução por incumprimento.

Em virtude daquele negócio, transferem-se para o cessionário/novo credor (independentemente da sua boa fé) os "*defeitos* do crédito". Podem ser-lhe opostos, pelo consumidor, todos os meios de defesa que este possa licitamente aduzir perante o cedente, com ressalva dos que provenham de facto posterior ao conhecimento da cessão (art. 585.º CC). É o corolário da regra do não enfraquecimento da posição jurídica do devedor e da aplicação do princípio do *nemo plus juris*. No entanto, os estados de sujeição não se transmitem para o cessionário. Ainda assim são oponíveis a este, de forma mediata, os meios de defesa invocáveis pelo devedor cedido perante o cedente.

Quanto ao modelo adoptado em face da cessão de um crédito ao consumo, parece acolher-se aquele que reparte equitativamente a responsabilidade do cedente e do cessionário, em função da sua "participação no financiamento". O originário financiador responde pelo crédito não cedido. O cessionário responde pelo crédito adquirido, encontrando-se na exacta posição do cedente (ver, para mais pormenores, GRAVATO MORAIS, Contratos de crédito ao consumo, cit., pp. 294 ss.).

ARTIGO 22.º

**Utilização de títulos de crédito
com função de garantia**

1 — Se, em relação a um contrato de crédito, o consumidor subscrever letras ou livranças com função de garantia, deve ser aposta naqueles títulos a expressão «Não à ordem», ou outra equivalente, nos termos e com os efeitos previstos na legislação especial aplicável.

2 — A inobservância do disposto no número anterior presume-se imputável ao credor que, salvo no caso de culpa do consumidor, é responsável face a terceiros.

Comentário em geral

A norma regula a utilização de títulos de crédito com função de garantia, nos mesmos e exactos termos em que o fazia o art. 11.º do DL 359/91.

A Directiva 2008/48/CE não se pronuncia sobre o tema, conquanto na Proposta de Directiva, na sua versão originária (de Setembro de 2002), proibia-se, em absoluto, a utilização de títulos cambiários (art. 18.º), ao contrário da versão final, de Dezembro de 2005, onde se recusa tal impedimento, afastando a medida drástica de 2002. Mantém-se assim inalterado o regime do texto da Directiva 102/87/CEE.

Repare-se que o anteprojecto do Código do Consumidor optava pela proibição da utilização de títulos de crédito, seja com função de pagamento, seja com função de garantia (art. 303.°, n.° 1). O regime aí proposto mostrava-se gravoso para o financiador e beneficiava escassamente o consumidor. Do ponto de vista dos interesses do dador de crédito, o impedimento pode, de alguma sorte, ser ultrapassado por via do contrato de crédito, pois este representa um sucedâneo da letra ou da livrança, já que pode ser usado como título executivo. Na perspectiva do consumidor, as vantagens da proibição são muito limitadas. Desde logo, é susceptível de acarretar reflexamente o encarecimento do crédito. Em relação aos meios de defesa do consumidor oponíveis ao financiador, os títulos cambiários neles não interferem. Da mesma sorte, as consequências da transmissibilidade do título são afastados, quase em absoluto, com a inserção da cláusula 'não à ordem'.

No início da década de 80 do século passado, em comentário à consagração da proibição em França, na *Loi Scrivener*, e, nos Estados Unidos, no *Uniform Commercial Code*, já se escrevia que a via da proibição da emissão de títulos de crédito ao consumo "não é isenta de dificuldades de aplicação nos países que, como Portugal, tenham adoptado a Lei Uniforme sobre Letras e Livranças, que fixa quais os efeitos dum título, em termos que se sobrepõem aos nacionais" (CARLOS FERREIRA DE ALMEIDA, Direitos dos Consumidores, Coimbra, 1982, p. 145). De notar ainda que os títulos cambiários são um meio legítimo de circulação dos créditos e o seu impedimento pode causar danos no próprio mercado.

Anotação ao n.° 1

Dispõe-se que as letras ou as livranças subscritas pelo consumidor com função de garantia devem conter a expressão 'não à ordem' ou outra equivalente, nos termos e com os efeitos previstos na legislação especial aplicável. A letra de câmbio e a livrança são, por natureza, títulos de crédito à ordem, ou seja, são transmissíveis por endosso (art. 11.°, 1.ª frase e art. 77.° LULL). Daí decorrem consequências de relevo: a eficácia imediata da transferência de direitos, logo após a realização da declaração de endosso e da entrega do respectivo título; o endossado é um credor originário, dispondo de um direito autónomo; o endossante garante a aceitação e o pagamento da letra ou da livrança, se não existir estipulação em sentido contrário.

A aposição, no título de crédito, de uma cláusula 'não à ordem' acarreta restrições à sua circulabilidade. Na verdade, a sua transmissibilidade opera apenas "pela forma e com os efeitos de uma cessão de créditos". Caso seja o próprio dador de crédito (sacador/portador imediato) a servir-se deste para intentar uma acção executiva, o consumidor pode opor-lhe qualquer meio de defesa. A transmissão do título cambiário com cláusula 'não à ordem' por parte do credor a um terceiro, tomador da letra ou da livrança, necessita para que produza efeitos em relação ao consumidor que lhe seja comunicada a cessão ou que ele a aceite (art. 583.º CC), podendo o consumidor opor ao portador mediato do título cambiário os meios de defesa gerais, emergentes do art. 585.º CC.

Anotação ao n.º 2

Impende sobre o financiador um dever de inserção da cláusula 'não à ordem' no respectivo título cambiário subscrito pelo consumidor, na sequência do contrato de crédito celebrado. O incumprimento dessa obrigação "presume-se imputável ao credor", tendo como efeito a sua responsabilização face a terceiros (art. 11.º, n.º 2, parte final). Note-se que esta presunção é ilidível mediante prova em contrário, especificamente no caso de "culpa do consumidor", cabendo ao financiador demonstrar esta para se eximir de qualquer tipo de responsabilidade em relação a terceiros.

Se o portador sucessivo do título apresenta este a pagamento, o interesse da confiança que subjaz à circulação de títulos cambiários não se sobrepõe ao interesse do consumidor a crédito. Este, porque contrai uma autónoma obrigação cambiária, está adstrito ao pagamento do valor inscrito no título ao terceiro (de boa fé), não podendo deduzir as excepções oponíveis ao financiador. Ulteriormente, ao consumidor, em princípio, pode responsabilizar o credor pelos prejuízos sofridos (ver GRAVATO MORAIS, Contratos de crédito ao consumo, cit., pp. 217 ss.).

ARTIGO 23.º
**Ultrapassagem do limite de crédito em contratos de crédito
em conta corrente**

1 — No caso de crédito em conta corrente que preveja a ultrapassagem do limite de crédito pelo consumidor, o contrato deve incluir também as informações referidas na alínea *f*) do n.º 3 do artigo 6.º e da alínea *e*) do n.º 2 do artigo 8.º.

Informação e direitos relativos aos contratos de crédito   107

2 — As informações referidas no número anterior devem ser prestadas pelo credor de forma periódica, através de suporte em papel ou outro meio duradouro, de modo claro, conciso e legível.

3 — Em caso de ultrapassagem de crédito significativa que se prolongue por um período superior a um mês, o credor informa imediatamente o consumidor, em papel ou noutro suporte duradouro:

a) **Da ultrapassagem de crédito;**

b) **Do montante excedido;**

c) **Da taxa nominal aplicável;**

d) **De eventuais sanções, encargos ou juros de mora aplicáveis.**

Comentário em geral

A norma tem na sua base o art. 18.° da Directiva 2008/48/CEE, com pequenas alterações na redacção de alguns números.

O n.° 3 do art. 18.° da Directiva 2008/48/CEE não foi transposto, por desnecessidade, já que quando a ultrapassagem de crédito for significativa, caso existam regras de direito interno que a contempla, sempre lhe serão aplicáveis.

Realce-se que o art. 13.° do DL 359/91 previa um regime especial para a concessão de crédito em conta corrente, mas o seu alcance era distinto.

Anotação ao n.° 1

O pano de fundo é o contrato de crédito em conta corrente (*v.g.*, sob a forma de abertura de crédito). Se o contrato prevê a possibilidade de o consumidor, porque autorizado pelo credor, ser autorizado a ultrapassar o crédito concedido há um conjunto de informações que, para além das referentes ao contrato de concessão de crédito, lhe devem ser comunicadas: por um lado, a taxa nominal, as condições a ela aplicáveis, assim como todo o circunstancialismo referente aos procedimentos da alteração da taxa de juro; por outro, os encargos a suportar pelo consumidor e as condições em que podem ser alterados.

Em jeito de conclusão, refira-se que o propósito tido em vista é o de que todas as informações ligadas aos juros e aos encargos a suportar pelo consumidor que podem advir da ultrapassagem do limite do crédito devem ser-lhe comunicadas.

Anotação ao n.º 2

Para assegurar ao consumidor o conhecimento efectivo da informação relativa à eventual ultrapassagem do (limite do) crédito, o financiador, no cumprimento do dever de prestar essa informação, está sujeito a requisitos de vária ordem:

- periodicamente, pretendendo com isso que o consumidor obtenha uma informação regular (de 3 em 3 meses, pelo menos);
- formalmente, a informação está sujeita ao regime-regra neste diploma, ou seja, à prestação em papel ou noutro suporte duradouro;
- em condições claras, concisas e de legibilidade.

Anotação ao n.º 3

O presente número consagra um regime específico para o caso de ultrapassagem de crédito significativa, locução reproduzida do art. 18.º, n.º 3 da Dir. 2008/48/CE.

A primeira nota vai para o que deve entender-se por "significativa". A utilização de um conceito indeterminado pode gerar alguma dificuldade na aplicação da regra. Entendemos que quando a ultrapassagem que supere 20% do montante do crédito concedido se deve entender relevante para este efeito. Tendo em conta os objectivos acrescidos de informação em causa, a possível falta de consciência das consequências desse excesso e eventuais actuações abusivas do credor (por omissão), cremos que o valor percentual encontrado é adequado.

Para além disso, é necessário que tal ultrapassagem seja superior a um mês.

Verificados os requisitos assinalados, a informação a prestar deve obedecer a requisitos de vária ordem:

- temporais, já que a informação deve ser comunicada imediatamente ou sem demora;
- de forma, ou seja, há que obedecer ao regime-regra, à prestação em papel ou noutro suporte duradouro;
- quanto ao conteúdo da informação, espoecificamente a ultrapassagem do crédito, o valor que supera o limite do crédito, a taxa nominal aplicável no caso, as eventuais sanções, encargos ou juros moratórios.

CAPÍTULO IV
Taxa anual de encargos efectiva global

ARTIGO 24.º
Cálculo da TAEG

1 — A TAEG torna equivalentes, numa base anual, os valores actuais do conjunto das obrigações assumidas, considerando os créditos utilizados, os reembolsos e os encargos, actuais ou futuros, que tenham sido acordados entre o credor e o consumidor.

2 — A TAEG é calculada determinando-se o custo total do crédito para o consumidor de acordo com a fórmula matemática constante da parte I do anexo I ao presente decreto-lei, que dele faz parte integrante.

3 — No cálculo da TAEG não são incluídas:

a) As importâncias a pagar pelo consumidor em consequência do incumprimento de alguma das obrigações que lhe incumbam por força do contrato de crédito; e

b) As importâncias, diferentes do preço, que, independentemente de se tratar de negócio celebrado a pronto ou a crédito, sejam suportadas pelo consumidor aquando da aquisição de bens ou da prestação de serviços.

4 — São incluídos no cálculo da TAEG, excepto se a abertura da conta for facultativa e os custos da conta tiverem sido determinados de maneira clara e de forma separada no contrato de crédito ou em qualquer outro contrato celebrado com o consumidor:

a) Os custos relativos à manutenção de conta que registe simultaneamente operações de pagamento e de utilização do crédito;

b) Os custos relativos à utilização ou ao funcionamento de meio de pagamento que permita, ao mesmo tempo, operações de pagamento e de utilização do crédito; e

c) Outros custos relativos às operações de pagamento.

110   *Crédito aos Consumidores*

5 — O cálculo da TAEG é efectuado no pressuposto de que o contrato de crédito vigora pelo período de tempo acordado e de que as respectivas obrigações são cumpridas nas condições e nas datas especificadas no contrato.

6 — Sempre que os contratos de crédito contenham cláusulas que permitam alterar a taxa devedora e, se for caso disso, encargos incluídos na TAEG que não sejam quantificáveis no momento do respectivo cálculo, a TAEG é calculada no pressuposto de que a taxa nominal e os outros encargos se mantêm fixos em relação ao nível inicial e de que são aplicáveis até ao termo do contrato de crédito.

7 — Sempre que necessário, podem ser utilizados os pressupostos adicionais enumerados no anexo I ao presente decreto-lei para o cálculo da TAEG.

Comentário em geral

A Directiva 2008/48/CE aborda o tema no art. 19.°. Faz-se agora, na regra transposta, uma combinação dos termos usados no texto comunitário com algumas das expressões constantes do DL 359/91, que se refere à matéria de forma mais simples.

Em termos sistemáticos, seguindo-se a estrutura da Directiva 2008/ /48/CE, trata-se da TAEG autonomamente, num capítulo próprio e específico. Confere-se formalmente relevo e dimensão peculiar à TAEG, em virtude de representar o elemento informativo mais significativo para o consumidor.

Anotação ao n.° 1

Depois de uma primeira definição, feita no art. 4.°, n.° 1, al. i) do diploma em comentário, confere-se agora relevo aos elementos que compõem a TAEG para efeito do seu cálculo, que se reportam "aos valores actuais do conjunto das obrigações assumidas… actuais ou futuras", a saber:

– os créditos utilizados;
– os reembolsos;
– os encargos.

O objectivo é o de conceder ao consumidor uma informação exacta e precisa sobre o valor percentual a pagar ou, dito de outro modo, a taxa de juro efectiva. A taxa de juro nominal está longe de reflectir a importância global a pagar pelo consumidor.

Anotação ao n.º 2

Dá-se nota, agora num número específico, da fórmula matemática que permite realizar o cálculo da TAEG (ver Parte I do Anexo I).

Anotação ao n.º 3

Constam deste número os elementos que não se incluem na TAEG.

Há certos custos que não fazem parte da TAEG, mas que devem ser suportados pelo consumidor e a ele comunicados, na esteira do dever de transparência em causa. Cabe identificá-los.

Os contratos de crédito disciplinam extensamente as consequências pecuniárias do incumprimento pelo consumidor. Estas não se contabilizam na TAEG (ver art. 19.º, n.º 2, 1.ª parte da Dir. 2008/48/CE e o revogado art. 4.º, n.º 5, al. a) do DL 359/91). Com efeito, tais importâncias não reflectem qualquer valor relacionado com o custo do crédito. Acresce que a soma em apreço, expressa em percentagem, tornaria aquela taxa muito elevada, o que *encareceria* substancialmente o financiamento, desmotivando até o seu pedido. Seria, por outro lado, muito difícil a sua discriminação.

De igual sorte, as despesas diferentes do preço que sejam suportadas pelo consumidor ao tempo da conclusão do contrato não são incluídos na TAEG (ver art. 19.º, n.º 2, 2.ª parte da Dir. 2008/48/CE e o revogado art. 4.º, n.º 5, al. b) DL 359/91).

Anotação ao n.º 4

Neste número referem-se custos que se contabilizam, em princípio, no cálculo da TAEG (cfr. art. 19.º, n.º 2, 2.º § da Dir. 2008/48/CE).

Anotação ao n.º 5

O número em causa reflecte o art. 19.º, n.º 3 da Dir. 2008/48/CE (e o art. 4.º, n.º 3 do revogado DL 359/91).

Anotação ao n.º 6

O número em causa reflecte o art. 19.º, n.º 4 da Dir. 2008/48/CE (e o art. 4.º, n.º 7 do revogado DL 359/91).

CAPÍTULO V
Mediadores de crédito

ARTIGO 25.º
Actividade e obrigações dos mediadores de crédito

1 — Os mediadores de crédito estão obrigados a:

a) Indicar, tanto na publicidade como nos documentos destinados a consumidores, a extensão dos seus poderes, designadamente se actuam em exclusividade ou com mais do que um credor ou se actuam na qualidade de mediadores independentes;

b) Comunicar ao consumidor, em papel ou noutro suporte duradouro, antes da celebração do contrato de crédito, a eventual taxa a pagar pelo consumidor como remuneração dos seus serviços;

c) Comunicar esta taxa em devido tempo ao credor, para efeito do cálculo da TAEG.

2 — A actividade profissional dos mediadores de crédito será objecto de legislação especial.

Comentário em geral

Dado que a actividade dos credores é já fiscalizada pelo Banco de *Portugal (v.g.,* o RGICSF), evita-se a repetição do art. 20.º da Directiva 2008/48/CE, pois já se encontra assegurado pelo direito interno.

Por outro lado, o art. 21.º da Directiva 2008/48/CEE estabelece algumas obrigações dos aí designados "intermediários de crédito", mas que no diploma interno se nomeiam "mediadores de crédito".

Em relação aos deveres, mantêm-se os termos resultantes da norma comunitária.

Anotação ao n.º 1

Enumeram-se três obrigações específicas dos mediadores de crédito.

Os deveres que constam das als. a) e b) têm o propósito de dar a conhecer ao consumidor especificamente a figura do mediador e a remuneração que aufere.

A primeira, destina-se a tornar visível o alcance e a latitude dos poderes em que actuam.

A segunda, permite dar a conhecer a remuneração que aufere pela mediação e que integrará a TAEG.

A obrigação que integra a al. c) reflecte-se indirectamente na esfera do consumidor, pois o valor a auferir pelo mediador integra o cálculo da TAEG.

Anotação ao n.º 2

Será objecto de legislação própria a actividade profissional de mediador de crédito. Tal não se encontrava especificamente previsto na Dir. 2008/48/CE.

CAPÍTULO VI
Disposições finais

ARTIGO 26.º
Carácter imperativo

1 — O consumidor não pode renunciar aos direitos que lhe são conferidos por força das disposições do presente decreto-lei, sendo nula qualquer convenção que os exclua ou restrinja.

2 — O consumidor pode optar pela redução do contrato quando algumas das suas cláusulas for nula nos termos do número anterior.

Comentário em geral

O n.º 1 do artigo em causa corresponde ao art. 22.º, n.º 2 da Directiva 2008/48/CEE, que confere carácter injuntivo às regras de protecção do consumidor. Acrescentou-se ainda, na esteira do revogado art. 18.º DL 359/91, por introduzir um n.º 2, permitindo ao consumidor a opção pela manutenção do contrato.

Anotação ao n.º 1

Consagra-se a irrenunciabilidade dos direitos atribuídos ao consumidor nos termos do diploma em comentário.

Qualquer convenção que limite ou exclua tais direitos é nula. Consagra-se assim a sanção ordinária para o caso de ultrapassagem dos direitos do consumidor.

Deste modo, *v.g.,* as cláusulas que consagrem a inoponibilidade ao credor das excepções decorrentes da compra e venda, as cláusulas que imponham ao consumidor condições para o exercício do direito de livre revogação, as cláusulas que imponham prazos de pré-aviso mais curtos para a denúncia dos contratos por tempo indeterminado, as cláusulas que afastem as presunções de imputabilidade do credor, são nulas.

116 *Crédito aos Consumidores*

Anotação ao n.º 2

O consumidor pode optar pela manutenção do contrato sempre que algumas das suas cláusulas sejam nulas.

É o que sucede em vários outros diplomas de protecção do consumidor. Desde logo, o art. 16.º, n.º 3 da Lei de Defesa do Consumidor (Lei 24/96, de 31 de Julho). A mesma solução se expressa no art. 13.º do DL 446/85, de 25 de Outubro ou no art. 10.º, n.º 2 do DL 67/2003, de 8 de Abril (neste caso por remissão para a Lei de Defesa do Consumidor).

ARTIGO 27.º
Fraude à lei

1 — São nulas as situações criadas com o intuito fraudulento de evitar a aplicação do disposto no presente decreto-lei.

2 — Configuram, nomeadamente, casos de fraude à lei:

a) **O fraccionamento do montante do crédito por contratos distintos;**

b) **A transformação de contratos de crédito sujeitos ao regime do presente decreto-lei em contratos de crédito excluídos do âmbito da aplicação do mesmo;**

c) **A escolha do direito de um país terceiro aplicável ao contrato de crédito, se esse contrato apresentar uma relação estreita com o território português ou de um outro Estado membro da União Europeia.**

Comentário em geral

A norma em causa dá expressão ao art. 22.º, n.º 3 da Directiva 2008/48/CE.

O preceito não é, todavia, inovador, já que existe uma regra correspondente, que trata da mesma temática – a fraude à lei –, no art. 19.º DL 359/91. Note-se, porém, que contém algumas particularidades em relação ao mencionado art. 19.º DL 359/91.

Anotação ao n.º 1

Ao contrário do art. 19.º DL 359/91, que sancionava com a "irrelevância" a situação criada no caso de fraude à lei, o art. 27, n.º 1 do DL 133/2009 determina a "nul[idade] d[a]s situações criadas".

Em termos gerais, um sector da doutrina tende a considerar que a fraude à lei se integra no domínio da licitude do negócio, pelo que torna

Disposições finais 117

este nulo (Menezes Cordeiro, Tratado de Direito Civil Português, I, Parte Geral, Tomo I, 2.ª Ed., Coimbra, 2000, pp. 494 ss.). Outros afirmam, no entanto, que "a sanção da fraude é sobretudo a da *ineficácia* do procedimento empregue para ocultar a norma: esta aplicar-se-á igualmente" (Umberto Morello, "Frode alla legge", Digesto delle discipline privatistiche, Sezione Civile, VIII, Torino, 1992, p. 504; de notar que o autor concebe ainda a nulidade do negócio em fraude à lei, no quadro do art. 1344.º CCIt., quando se possa afirmar a violação de normas imperativas e a causa do negócio seja considerada ilícita).

Anotação ao n.º 2

Enumeram-se, a título exemplificativo, algumas hipóteses de fraude à lei.

Assim, aproveitando o único exemplo expresso que provinha do art. 19.º DL 359/91 – conquanto a norma não seja taxativa –, reproduz-se a hipótese típica de "fraccionamento do montante do crédito por contratos distintos". Assim, o credor que conceda um único crédito no valor de 900 €, dividindo-o por 6 contratos de mútuo de 150 € (o que impediria a aplicação do regime, por força do art. 2.º, n.º 1, al. c), 1.ª parte DL 133/2009) não consegue obter o benefício pretendido. A consequência é a de que a lei nova é aplicável.

Seguidamente, apresentam-se outras duas possibilidades.

Uma de cariz amplo, que dá relevo a qualquer transformação ocorrida no contrato de crédito da qual resulte a inaplicabilidade do diploma em situação que, em princípio, não o afastaria (cfr. art. 22.º, n.º 3, trecho final da Dir. 2008/48/CE). Exemplifiquemos: é feita publicidade a um crédito sem juros, quando tal na verdade não sucede; isto porque os consumidores que não recorrem ao crédito e, portanto, que pagam a contado beneficiariam de um dado desconto; estava assim em causa a gratuitidade do financiamento (por terceiro) no tocante à aquisição de bens (*v.g.*, de mobiliário) por certo vendedor; celebrado o contrato de mútuo (gratuito), o DL 133/2009 não seria aplicável, em razão do carácter não oneroso daquele, criando-se uma determinada situação com um intuito fraudulento de evitar o emprego do diploma.

Outra, que realça a escolha pelo credor de um regime de um país terceiro que lhe seja mais favorável em relação à disciplina do DL 133/2009, submetendo-o às regras do crédito aos consumidores desse país. Note-se que a vantagem que daqui possa resultar para o credor pode verificar-se em relação a qualquer aspecto do regime. Todavia, a situação criada só beneficia da figura da fraude à lei quando o contrato celebrado apresentar uma "relação estreita" (íntima) com o território de um Estado-Membro da União Europeia, aqui se incluindo Portugal – o que, por exemplo, se verifica se o consumidor tiver residência no nosso país e cá celebrar o contrato (cfr. art. 22.°, n.° 4, trecho final da Dir. 2008/48/CE).

Em qualquer dos casos, parece competir ao consumidor a prova da específica situação que origina a fraude à lei.

ARTIGO 28.°

Usura

1 — É havido como usurário o contrato de crédito cuja TAEG, no momento da celebração do contrato, exceda em um terço a TAEG média praticada no mercado pelas instituições de crédito ou sociedades financeiras no trimestre anterior, para cada tipo de contrato de crédito ao consumo.

2 — A identificação dos tipos de contrato de crédito ao consumo relevantes, a TAEG média praticada para cada um destes tipos de contrato pelas instituições de crédito ou sociedades financeiras e o valor máximo resultante da aplicação do disposto no número anterior, são determinados e divulgados ao público trimestralmente pelo Banco de Portugal, sendo válidos para os contratos a celebrar no trimestre seguinte.

3 — Considera-se automaticamente reduzida ao limite máximo previsto no n.° 1, a TAEG que os ultrapasse, sem prejuízo de eventual responsabilidade criminal.

4 — Os efeitos decorrentes deste artigo não afectam os contratos já celebrados ou em vigor.

Comentário em geral

A Dir. 2008/48/CE não faz qualquer referência aos problemas de usura. Essa preocupação, que não constava do DL 359/91, foi expressa, em tempos mais recentes, no art. 284.°, n.os 2 e 5 do Anteprojecto do Código do Consumidor.

A questão foi sendo gradualmente suscitada em razão da liberalização da taxa de juro remuneratória nas operações de crédito activas, na sequência do Aviso n.° 3/93 do Banco de Portugal, de 20.5.1993. Nos últi-

Disposições finais 119

mos anos, tem-se verificado que, apesar da concorrência entre as instituições de crédito, algumas das taxas convencionadas têm um valor elevado. Havia assim que procurar estabelecer limites à livre estipulação de taxas de juros remuneratórias (e dos encargos), impedindo que a TAEG ultrapasse dados valores percentuais. Foi este o propósito da norma.

Anotação ao n.° 1

Começa por definir-se o que significa "contrato de crédito usurário". Há, para o efeito, que atender a vários factores.

O critério substancial empregue é o de a TAEG do respectivo contrato de crédito exceder em 1/3 a TAEG média praticada pelas instituições de crédito e sociedades financeiras no trimestre anterior.

O critério encontrado em termos percentuais é o de uma taxa que supere os 33,33% em relação à média das restantes taxas. Se os valores praticados se situam, por hipótese, entre 10% e 30% e se a taxa média encontrada (no trimestre antecedente) for de 20%, considera-se usurária a taxa que supere a percentagem de 26,66%. Portanto, em cada trimestre há lugar à modificação dos valores máximos das TAEG. O critério parece, nesta medida, ajustado.

No entanto, se houver uma actuação implicitamente concertada das entidades em causa para fazer aumentar a TAEG, pode ocorrer uma lógica de aumento das TAEG quase sem controlo e, consequentemente, sem sanções.

Atendendo à diversidade contratual existente, serão determinadas taxas para cada tipo de contrato de crédito ao consumo. Assim, a locação financeira, a abertura de crédito, a emissão de cartão de crédito, entre outros, obedecem a lógicas financeiras diversas e a sectores de actividade específicos, pelo que se impõe a fixação de limites particulares para cada uma dessas figuras.

Anotação ao n.° 2

Trata-se agora de dar a conhecer a entidade (o Banco de Portugal), bem como os elementos e os procedimentos a aplicar por tal instituição para efeito do cálculo da TAEG média.

Os valores máximos encontrados, por efeito da aplicação do cálculo das TAEG médias do trimestre anterior – para cada um dos contratos de crédito relevantes –, são válidos para o trimestre subsequente. E assim sucessivamente.

Anotação ao n.º 3

Verificado um caso de usura de um contrato de crédito, prevêem-se sanções (cumulativas) de cariz diverso.

Uma relativa ao efeito directo da usura no próprio contrato: a redução ao limite máximo, que corresponde ao valor de 1/3 acima da TAEG média praticada no trimestre anterior. Assim, se este limite superior é de 17%, a aplicação por uma dada instituição de crédito de uma TAEG de 25% tem "apenas" a consequência da redução ao valor máximo. A sanção não é aqui efectiva, porque não é suficientemente penalizadora. Cremos que a redução, pelo menos, ao valor médio mostrar-se-ia aqui mais ajustada. Quanto a outras hipóteses, embora analisadas sob o prisma do direito a constituir, ver JORGE MORAIS CARVALHO, "Usura nos contratos de crédito ao consumo", Sub Judice, n.º 36, 2006, p. 52, que defende ser a sanção efectiva e mais adequada a da remissão para a taxa de juro legal relativa aos contratos em que esta não tenha sido fixada pelas partes, ou seja, a taxa de 4%, à luz da Portaria 291/2003, de 8 de Abril.

Outra sanção – mais efectiva – é de índole criminal, responsabilizando--se nesse termos as entidades em causa, tal como o faz o art. 7.º, n.º 2 do DL 344/78.

Outra ainda, de cariz contra-ordenacional – igualmente eficaz –, pode ser aplicada nos termos do art. 30.º, n.º 1 do DL 133/2009.

Anotação ao n.º 4

Este número trata de expressamente declarar a inaplicabilidade do preceito aos contratos já celebrados ou ainda em vigor. Tal consequência emergia já do art. 34.º, n.º 1 do DL 133/2009, pois a eles sempre se aplicaria o regime jurídico vigente ao tempo da sua celebração.

ARTIGO 29.º

Vendas associadas

Às instituições de crédito e sociedades financeiras está vedado fazer depender a celebração dos contratos abrangidos por este decreto--lei, bem como a respectiva renegociação, da aquisição de outros produtos ou serviços financeiros.

Comentário em geral

A norma não tem repercussão directa na Dir. 2008/48/CE.

Disposições finais

É inovadora não só em relação ao texto comunitário, como ainda no tocante ao diploma interno revogado. Todavia, existe já uma regra similar no art. 30.°, n.° 1 do DL 143/2001, com a redacção do DL 82/2008, onde se dispõe que "é proibido subordinar a venda de um bem ou a prestação de um serviço à aquisição pelo consumidor de um outro bem ou serviço junto do fornecedor ou de quem este designar".

Anotação

Estabelece-se uma regra proibitiva, que previne contra uma prática relativamente generalizada e que não encontrava tutela específica directa na lei.

Assim, quer a celebração, quer a renegociação dos contratos de crédito não podem ser feitos depender da aquisição de quaisquer produtos oferecidos pelo financiador (ou no caso de transferência do crédito por outro credor) ou de quem, segundo cremos, com eles colabora. Devem abarcar-se aqui os mediadores de crédito, assim como os vendedores, que as mais das vezes, como representantes do credor, oferecem igualmente produtos financeiros.

Ao contrário do art. 30.°, n.° 2 do DL 143/2001, com a redacção dada pelo DL 82/2008 (onde se determina que "o disposto no número anterior não se aplica sempre que estejam em causa bens ou serviços que, pelas suas características, se encontrem entre si numa relação de complementaridade e esta relação seja de molde a justificar o seu fornecimento em conjunto"), não se admitem literalmente excepções a esta regra.

Em sede de violação do normativo, estabelece-se a nível sancionatório uma consequência contra-ordenacional, à luz do art. 30.° do DL 133//2009. Porém, inexiste uma consequência civilista visível e eficaz (por exemplo, de nulidade dos contratos). Pode conceber-se que o consumidor numa situação deste género – em violação da regra em causa – sempre possa exigir uma indemnização pela prática ocorrida, sem prejuízo do exercício do direito de resolução.

ARTIGO 30.°
Contra-ordenações

1 — Constitui contra-ordenação a violação do disposto nos artigos 5.°, 6.°, 7.° e 8.°, no n.° 2 do artigo 9.°, no artigo 10.°, no n.° 2 do artigo 11.°, nos artigos 12.°, 14.°, 15.°, 19.°, 20.°, 22.°, 23.°, 24.°, no n.° 1 do 25.°,

122 *Crédito aos Consumidores*

nos artigos 27.º, 28.º e 29.º punível, no caso de infracções cometidas pelas instituições de crédito e sociedades financeiras, ainda que através de mediador de crédito nos termos da alínea *i*) do artigo 210.º e do artigo 212.º do Regime Geral das Instituições de Crédito e Sociedades Financeiras, aprovado pelo Decreto-Lei n.º 298/92, de 31 de Dezembro, e, tratando-se das organizações previstas no artigo 4.º e demais credores, nos termos dos artigos 17.º e 21.º do Regime Geral das Contra--Ordenações, aprovado pelo Decreto-Lei n.º 433/82, de 27 de Outubro.

2 — Constitui contra-ordenação punível com coima de € 20 000 a € 44 000 a violação do disposto no artigo 5.º, no caso das contra--ordenações da competência da Direcção-Geral do Consumidor.

3 — A tentativa e a negligência são sempre puníveis, sendo os limites máximos e mínimos reduzidos a metade.

4 — A determinação da coima é feita em função da ilicitude concreta do facto, da culpa do agente, dos benefícios obtidos e das exigências de prevenção.

Comentário em geral

Esta disposição pretende determinar o regime das sanções aplicável à violação das disposições pelo credor e pelos mediadores de crédito a título principal. Concretiza-se assim o art. 23.º da Dir. 2008/48/CE.

Na sequência do que se expressa no preceito comunitário e, similarmente, no Considerando 47 da Dir. 2008/48/CE – onde se assinala que "Os Estados-Membros deverão estabelecer o regime das sanções aplicáveis às violações das disposições nacionais de transposição da presente directiva e assegurar a respectiva aplicação. Embora a determinação das sanções fique ao critério dos Estados-Membros, as sanções previstas deverão ser efectivas, proporcionadas e dissuasivas" –, as consequências da inobservância das normas internas devem ser gravosas para os incumpridores.

Parece, no entanto, dever afastar-se deste regime sancionatório aqueles que exercem a actividade de mediador de crédito apenas a título acessório, em razão do regime de isenção consagrado no art. 7.º da Dir. 2008/48/CE.

Anotação ao n.º 1

A violação de regras de cariz substancial deste diploma pelas instituições de crédito ou pelas sociedades financeiras são punidas em virtude de constituírem contra-ordenação.

Disposições finais 123

As condutas de tais entidades (ainda que através de mediador de crédito) que infrinjam o disposto nos preceitos são punidas da seguinte forma:
- "com coima de 3.000 € a 1.500.000 € ou de 1.000 € a 500.000 €, consoante seja aplicada a ente colectivo ou a pessoa singular" (art. 210.°, proémio do DL 298/92, com a redacção da Lei 28/2009, de 19 de Junho), aqui se incluindo a omissão de informações e comunicações devidas ao Banco de Portugal, nos prazos estabelecidos, e a prestação de informações incompletas (art. 210.°, al. i) do DL 298/92, de 31 de Dezembro);
- com as sanções acessórias constantes do art. 212.° do DL 298/92 (determina-se que podem ser aplicadas ao infractor um conjunto de sanções, das quais se salienta "a apreensão e perda do objecto da infracção, incluindo o produto económico desta…" – al. a) – e "a publicação pelo Banco de Portugal da punição definitiva" – al. b)).

No tocante à prescrição, na falta de disposição específica, há que aplicar o art. 209.° do DL 298/92. Nestes termos, "o procedimento pelos ilícitos de mera ordenação social previstos neste diploma prescreve em cinco anos (n.° 1)"; sendo que "o prazo de prescrição das sanções é de cinco anos, a contar do dia em que se esgotar o prazo de impugnação judicial da decisão que aplicar a sanção ou do dia em que a decisão judicial transitar em julgado" (n.° 2).

Os demais credores são punidos nos termos dos arts. 17.° e 21.° do DL 433/82, de 27 de Outubro (regime geral das contra-ordenações). Assim,
- "o montante mínimo da coima aplicável às pessoas singulares é de 3,74 € e o máximo de 3.740,98 €" (art. 17.°, n.° 1) e "o montante máximo da coima aplicável às pessoas colectivas é de 44.891,81 €" (art. 17.°, n.° 2);
- com as sanções acessórias constantes do art. 21.°, aplicáveis "em função da gravidade da infracção e da culpa do agente", designadamente a "perda de objectos pertencentes ao agente" (al. a) do art. 21.°).

Em relação à prescrição, já que nada especificamente se estabelece, há que aplicar os prazos gerais. Assim, à luz do art. 27.° do DL 433/82, "o procedimento por contra-ordenação extingue-se… logo que sobre a prática da contra-ordenação hajam decorrido os seguintes prazos: a) Cinco

124 *Crédito aos Consumidores*

anos, quando se trate de contra-ordenação a que seja aplicável uma coima de montante máximo igual ou superior a € 49.879,79; b) Três anos, quando se trate de contra-ordenação a que seja aplicável uma coima de montante igual ou superior a € 2.493,99 e inferior a € 49.879,79; c) Um ano, nos restantes casos".

Anotação ao n.° 2

Consagra-se um caso especial para as violações em matéria de publicidade (art. 5.° do DL 133/2009), quando as respectivas contra-ordenações estejam a cargo da Direcção-Geral do Consumidor, justamente aqueles a que se refere a parte final do n.° 1 do art. 30.° do DL 133/2009, ou seja, quando se trate "das organização previstas no n.° 4 e demais credores [para além das instituições de crédito e das sociedades financeiras]".

A contra-ordenação, *in casu*, é punível com coima de 20.000 € a 44.000 €. Em relação ao regime do preceito anterior, nas mesmas circunstâncias, constata-se, no essencial, um aumento do valor mínimo da coima, em razão, segundo cremos, do facto de ser aí que a decisão de escolha do crédito muitas vezes começa.

Anotação ao n.° 3

Determina-se, em face da tentativa e da negligência, a diminuição dos valores (mínimos e máximos) a pagar para metade, como é habitual nestes casos (cfr., por exemplo, art. 205.°, n.° 3 do DL 298/92).

Anotação ao n.° 4

Regra importante, que reflecte a orientação geral nesta matéria e que perpassa vários outros diplomas, é a que enuncia critérios específicos para aplicação da lei. Desta sorte, propõe-se a valoração de 4 elementos na determinação da medida da coima: a ilicitude concreta do facto; a culpa do agente; os benefícios obtidos e as exigências de prevenção.

ARTIGO 31.°
Fiscalização e instrução dos processos

1 — A fiscalização do disposto no presente decreto-lei e a instrução dos respectivos processos de contra-ordenação, bem como a aplicação das coimas e sanções acessórias, são da competência do Banco de Portugal nos termos do Regime Geral das Instituições de Crédito

e Sociedades Financeiras, aprovado pelo Decreto-Lei n.° 289/92, de 31 de Dezembro.

2 — Sem prejuízo das competências cometidas ao Banco de Portugal no âmbito do Regime Geral das Instituições de Crédito e Sociedades Financeiras, a fiscalização e a instrução dos processos de contra-ordenação relativos à violação do disposto no artigo 5.° competem à Direcção-Geral do Consumidor, cabendo à Comissão de Aplicação das Coimas em Matéria Económica e de Publicidade a aplicação das respectivas coimas.

3 — No caso dos processos instaurados pela Direcção-Geral do Consumidor, o produto das coimas decorrentes da violação do disposto no artigo 5.° reverte em:

a) 60% para o Estado;

b) 30% para a Direcção-Geral do Consumidor;

c) 10% para a Comissão de Aplicação de Coimas em Matéria Económica e de Publicidade.

Comentário em geral

Atribui-se agora competência a específicas entidades para efeito da fiscalização da actividade do credor, da instrução dos processos de contra-ordenação, da aplicação das coimas e das sanções acessórias.

A regra é a de que cabe ao Banco de Portugal, entidade supervisora máxima, tal competência.

No caso particular de violação do art. 5.°, cabe à Direcção-Geral do Consumidor essa actividade, repartindo-se o produto das coimas a pagar por vários entes.

ARTIGO 32.°
Resolução extrajudicial de litígios

1 — A Direcção-Geral do Consumidor e o Banco de Portugal, em coordenação com o Ministério da Justiça, colaboram, no âmbito das respectivas competências, na implementação de mecanismos extrajudiciais adequados e eficazes para a resolução dos litígios de consumo relacionados com contratos de crédito e com o endividamento excessivo de consumidores.

2 — As instituições competentes para a resolução extrajudicial de litígios de consumo relacionados com contratos de crédito devem

126   *Crédito aos Consumidores*

adoptar políticas de cooperação com as instituições congéneres dos restantes Estados Membros da União Europeia.

Comentário em geral

Dando cumprimento ao art. 24.°, n.° 1 da Dir. 2008/48/CE, que determina que "os Estados-Membros devem assegurar a instauração de procedimentos extrajudiciais adequados e eficazes de resolução dos litígios de consumo relacionados com contratos de crédito, recorrendo, se necessário, a organismos existentes", é conferida competência à Direcção Geral do Consumidor e ao Banco de Portugal, em ligação com o Ministério da Justiça, para implementação de procedimentos extrajudiciais que visem a resolução de litígios relacionados com contratos de crédito a consumidores. Incentivam-se tais instituições, em conformidade com o art. 24.°, n.° 2 da Dir. 2008/48/CE, na cooperação com as entidades competentes dos Estados Membros da União Europeia, na resolução extrajudicial dos litígios de consumo.

ARTIGO 33.°

Norma revogatória

1 — Sem prejuízo do disposto no artigo seguinte, são revogados:

a) **O Decreto-Lei n.° 359/91, de 21 de Setembro, que transpõe para a ordem jurídica interna as Directivas do Conselho e das Comunidades Europeias n.os 87/102/CEE, de 22 de Dezembro de 1986 e 90/88/CEE, de 22 de Fevereiro;**

b) **O Decreto-Lei n.° 101/2000, de 2 de Junho, que transpõe para a ordem jurídica interna a Directiva n.° 98/7/CE, do Parlamento Europeu e do Conselho, de 16 de Fevereiro;**

c) **O Decreto-Lei n.° 82/2006, de 3 de Maio, que altera os artigos 5.° e 17.° do Decreto-Lei n.° 359/91, de 21 de Setembro.**

2 — As referências feitas aos decretos-leis revogados em legislação aplicável entendem-se como sendo feitas ao presente decreto-lei.

Comentário em geral

Consagra-se ainda uma norma revogatória. Assim, o DL 359/91 (que instituiu o regime jurídico do crédito ao consumo), bem como o DL 101//2000 e o DL 82/2006, que alteraram pontualmente aquele, são, todos eles, revogados.

Disposições finais   127

É, no fundo, o efeito indirecto do art. 29.º da Dir. 2008/48/CE, que revoga o anterior texto comunitário, a Dir. 87/102/CE.

ARTIGO 34.º
Regime transitório

1 — Aos contratos de crédito concluídos antes da data da entrada em vigor do presente decreto-lei aplica-se o regime jurídico vigente ao tempo da sua celebração, sem prejuízo do disposto no número seguinte.

2 — Os artigos 14.º, 15.º, 16.º, 19.º e 21.º, o segundo período do n.º 1 do artigo 23.º e o n.º 3 do artigo 23.º aplicam-se aos contratos de crédito por período indeterminado vigentes à data de entrada em vigor do presente decreto-lei.

Comentário em geral

Por efeito do art. 30.º da Dir. 2008/48/CE, que prevê regras transitórias específicas, estabelece-se no art. 34.º do DL 133/2009 um regime transitório para regular problemas de aplicabilidade do DL 359/91 aos negócios celebrados ao tempo em que ainda estava em vigor.

O modelo transitório acolhido não envolve a mera substituição das regras do pretérito pelas regras do presente com dadas particularidades (como sucedeu, por exemplo, com o NRAU). Está, aliás, muito longe disso, ressalvados os casos em que as disposições são idênticas, já que aí o regime é necessariamente semelhante.

De todo o modo, diga-se desde já que o regime transitório, que por definição é aquele que passa depressa, será empregue por muito tempo.

Anotação ao n.º 1

Este número é formulado com algumas especificidades. Se seguíssemos à letra o art. 30.º, n.º 1 da Dir. 2008/48/CE – que assinala que "a presente directiva não é aplicável aos contratos de crédito vigentes à data da entrada em vigor das disposições nacionais de transposição" –, a eventual utilização da expressão "não se aplicam as disposições do novo texto" conjugada com a "revogação do texto vigente" poderia deixar um vazio legislativo.

Assim, enuncia-se uma regra transitória própria: aos contratos (de crédito ou de promessa de crédito) celebrados antes do dia 1 de Julho de 2009, sujeitos (porque não especificamente excluídos) ao DL 359/91, mantém-se aplicável o regime do DL 359/91.

É certo que algumas das regras são semelhantes (ou ainda que não sendo, a doutrina e a jurisprudência já defendiam o emprego da mesma disciplina), mas há outras que apontam para divergências significativas. Daí que o DL 359/91 se continuará a aplicar durante largo período de tempo.

A regra em causa não se pronuncia quanto aos contratos de crédito celebrados no domínio do DL 359/91 que se prorroguem ou se renovem à luz do DL 133/2009 (note-se que o art. 21.° do DL 359/91 aludia "aos contratos que se celebrem ou renovem após a sua entrada em vigor").

A dúvida pode suscitar-se, atentas as definições, em relação aos contratos que se prorroguem, pois trata-se aqui do mesmo contrato, que se estende agora no tempo, e não de um outro negócio (como é o caso da renovação).

Cremos que se deve aplicar o novo regime sempre que se trate da prorrogação do contrato. Para além de estar em causa a protecção do consumidor em face das novas realidades creditícias, sempre se poderia "perpetuar", por esta via, o emprego do antigo regime (o DL 359/91). Acresce que não há razões substanciais que justifiquem a continuidade do emprego de tais normas.

Anotação ao n.° 2

Em relação ao n.° 2, mantém-se intocada a redacção do art. 30.°, n.° 2 da Dir. 2008/48/CE.

Assim, há um conjunto de normas do novo regime que são aplicáveis aos contratos de crédito de duração indeterminada celebrados à luz da lei antiga, a saber:

- art. 14.° ("informação sobre a taxa nominal");
- art. 15.° ("informação nos contratos de crédito sob a forma de facilidade de descoberto");
- art. 16.° ("extinção dos contratos de crédito de duração indeterminada");
- art. 21.° ("cessão de crédito e cessão da posição contratual do credor");
- art. 23.°, n.° 1 e n.° 3 ("ultrapassagem do limite de crédito em contratos de crédito em conta corrente").

De notar que é feita uma remissão para o art. 19.º (reembolso anteci-pado), que não consta da Dir. 2008/48/CE.

Esta especificidade decorre essencialmente do facto de, à luz do DL 359/91, não se preverem regras próprias aplicáveis aos contratos celebra-dos por tempo indeterminado.

ARTIGO 35.º

Aplicação no espaço

O disposto no presente decreto-lei aplica-se, seja qual for a lei reguladora do contrato, se o consumidor tiver a sua residência habi-tual em Portugal, desde que a celebração do contrato tenha sido pre-cedida de uma oferta ou de publicidade feita na União Europeia e o consumidor tenha emitido a sua declaração negocial dentro deste espaço comunitário.

Comentário em geral

Transpõe-se, em termos gerais – não uma norma da Dir. 2008/48/CE –, o art. 20.º do DL 359/91.

A disposição do pretérito é modificada na sua segunda parte, pois deixa de fazer-se referência a "Portugal" e ao "país", para aludir a "União Europeia" e a "espaço comunitário".

São vários os pressupostos para a sua aplicabilidade:

- que o consumidor tenha a residência habitual em Portugal;
- que a celebração do contrato de crédito tenha sido antecedida por uma oferta ou por uma publicidade feita na União Europeia (por-tanto, em Portugal ou noutros Estado-membro);
- que o consumidor tenha emitido a sua declaração negocial no espaço comunitário.

ARTIGO 36.º

Avaliação da execução

No final do primeiro ano a contar da data de entrada em vigor do presente decreto-lei, e bianualmente nos anos subsequentes, o Banco de Portugal elabora um relatório de avaliação do impacto da aplica-ção do mesmo, devendo utilizar todos os meios para que o documento se torne do conhecimento público.

ARTIGO 37.º
Entrada em vigor

O presente decreto-lei entra em vigor no dia 1 de Julho de 2009, com excepção do disposto no artigo 28.º, que entra em vigor no dia 1 de Outubro de 2009.

Comentário em geral

A Dir. 2008/48/CE prevê, por um lado, no art. 29.º, a revogação da Dir. 87/102/CEE "com efeitos a partir de 12 de Maio de 2010", e, por outro, no art. 27.º, n.º 1, que "antes de 12 de Maio de 2010, os Estados-membros devem aprovar e publicar as disposições necessárias para dar cumprimento à presente directiva e informar imediatamente a Comissão desse facto".

O legislador interno entendeu dar cumprimento à Directiva a partir de 1 de Julho de 2009 – o que não deixa de suscitar algumas dúvidas em face do texto comunitário –, tendo sido o diploma em comentário publicado no dia 2 de Junho de 2009 (portanto, 29 dias após). Observou-se, pois, o disposto no art. 2.º, n.º 1 da Lei 74/98, de 11 de Novembro que determina o seguinte: "os actos legislativos e os outros actos de conteúdo genérico entram em vigor no dia neles fixado, não podendo, em caso algum, o início da vigência verificar-se no próprio dia da publicação".

Todavia, em relação ao art. 28.º (usura), determina-se que apenas entrará em vigor no dia 1 de Outubro de 2009. A explicação é simples: tratando-se de uma regra que necessita para a sua aplicabilidade do conhecimento da taxa média praticada pelo mercado pelas instituições de crédito e pelas sociedades financeiras e da divulgação trimestral pelo Banco de Portugal dos contratos de crédito relevantes e da TAEG média no trimestre anterior, só três meses após a entrada em vigor do DL 133/2009 é que tal norma pode actuar.

ANEXO I

Parte I

Equação de base que traduz a equivalência entre a utilização de crédito, por um lado, e os reembolsos e os encargos, por outro.

A equação de base, que define a taxa anual de encargos efectiva global (TAEG), exprime, numa base anual, a igualdade entre, por um lado, a soma dos valores actuais das utilizações de crédito e, por outro, a soma dos valores actuais dos montantes dos reembolsos e dos pagamentos, a saber:

$$\sum_{k-1}^{m} C_k (1 + X)^{-t_k} = \sum_{l-1}^{m'} D_l (1 + X)^{-S_l}$$

Significado das letras e dos símbolos:

X — taxa anual de encargos efectiva global (TAEG);

m — número de ordem da última utilização do crédito;

k — número de ordem de uma utilização do crédito, pelo que $1 \leq k \leq m$;

Ck — montante de utilização do crédito k;

tk — intervalo de tempo expresso em anos e fracções de anos, entre a data da primeira utilização e a data de cada utilização sucessiva, com $t1 = 0$;

m' — número do último reembolso ou pagamento de encargos;

l — número de um reembolso ou pagamento de encargos;

Dl — montante de um reembolso ou pagamento de encargos;

sl — intervalo, expresso em anos e fracções de um ano, entre a data da primeira utilização e a data de cada reembolso ou pagamento de encargos.

Observações

a) Os pagamentos efectuados por ambas as partes em diferentes momentos não são forçosamente idênticos nem forçosamente efectuados a intervalos iguais.

b) A data inicial corresponde à primeira utilização do crédito.

c) Os intervalos entre as datas utilizadas nos cálculos são expressos em anos ou fracções de um ano. Para esse efeito, presume-se que um ano tem 12 meses padrão e que cada mês padrão tem 30 dias, seja o ano bissexto ou não. O cálculo dos juros diários deve ser feito com base na convenção actual/360.

d) O resultado do cálculo é expresso com uma precisão de uma casa decimal. Se a décima sucessiva for superior ou igual a 5, a primeira décima é acrescida de 1.

e) É possível reescrever a equação utilizando apenas uma soma simples ou recorrendo à noção de fluxos (*Ak*) positivos ou negativos, por outras palavras, quer pagos quer recebidos nos períodos 1 a *k*, expressos em anos, a saber:

$$S = \sum_{k-1}^{n} A_k (1 + X)^{-t_k},$$

S — corresponde ao saldo dos fluxos actuais, sendo nulo se se pretender manter a equivalência dos fluxos.

Parte II
Pressupostos adicionais para o cálculo da taxa anual de encargos efectiva global

a) Se um contrato de crédito conceder ao consumidor liberdade de utilização do crédito, presume-se a utilização imediata e integral do montante total do crédito.

b) Se um contrato de crédito previr diferentes formas de utilização com diferentes encargos ou taxas nominais, presume-se que a utilização do montante total do crédito é efectuada com os encargos e a taxa nominal mais elevados aplicados à categoria da transacção mais frequentemente usada no âmbito desse tipo de contrato de crédito.

c) Se um contrato de crédito conceder ao consumidor liberdade de utilização do crédito em geral, mas impuser, entre as diferentes formas de utilização, uma limitação no que respeita ao montante e ao prazo, presume-se que a utilização do montante do crédito é efectuada na data mais próxima prevista no contrato e de acordo com essas limitações de utilização.

d) Se não for fixado um plano temporal de reembolso, presume-se que:

    i) O crédito é concedido pelo prazo de um ano; e

    ii) O crédito é reembolsado em 12 prestações mensais iguais.

e) Se for fixado um plano temporal de reembolso, mas o montante desse reembolso for flexível, presume-se que o montante de cada reembolso é o mais baixo previsto no contrato.

f) Salvo indicação em contrário, caso o contrato de crédito preveja várias datas de reembolso, o crédito é colocado à disposição e os reembolsos são efectuados na data mais próxima prevista no contrato.

g) Se o limite máximo do crédito ainda não tiver sido decidido, considera-se que esse limite é de € 1 500.

h) Em caso de descoberto, presume-se que o montante total do crédito é integralmente utilizado e para toda a duração do contrato de crédito; se a duração do contrato de crédito não for conhecida, a taxa anual de encargos efectiva global é calculada com base no pressuposto de que a duração do contrato é de três meses.

i) Se forem propostas diferentes taxas de juro e encargos por um período ou montante limitado, presume-se que a taxa de juro e os encargos são os mais elevados para toda a duração do contrato de crédito.

j) No que se refere aos contratos de crédito a consumidores para os quais seja acordada uma taxa nominal fixa para o período inicial, no fim do qual uma nova taxa nominal é determinada e, posteriormente, ajustada periodicamente de acordo com um indicador acordado, o cálculo da TAEG baseia-se no pressuposto de que, no final do período com taxa nominal fixa, a taxa nominal (variável) que lhe sucede assume o valor que vigora no momento do cálculo da TAEG, com base no valor do indicador acordado no momento em que foi calculada.

ANEXO II

Informação normalizada europeia em matéria de crédito a consumidores

1 – Identificação e informações sobre o credor/mediador de crédito:

Quanto ao credor	
Informação obrigatória............................	Identificação do credor
	Endereço geográfico do credor a utilizar pelo consumidor
Informação facultativa............................	Número de telefone
	Endereço de correio electrónico
	Número de fax
	Endereço da Internet

Quanto ao mediador do crédito	
Informação obrigatória............................	Identificação do mediador do crédito
	Endereço geográfico do mediador do crédito a utilizar pelo consumidor
Informação facultativa............................	Número de telefone
	Endereço de correio electrónico
	Número de fax
	Endereço da Internet

2 – Descrição das principais características do crédito:

O tipo de crédito.................................	
O montante total do crédito...................... O limite máximo ou o total dos montantes disponibilizados nos termos de um contrato de crédito	
As condições de utilização......................	
A duração do contrato de crédito	
As prestações e, se for o caso, a ordem pela qual serão pagas	O consumidor terá de pagar o seguinte: (O tipo, montante, o número e a frequência dos pagamentos a efectuar pelo consumidor) Os juros e/ou encargos deverão ser pagos do seguinte modo:
O montante total a pagar pelo consumidor O montante do capital emprestado acrescido dos juros e eventuais custos relacionados com o crédito	(O valor do montante total do crédito e do custo total do crédito)
Se aplicável, O crédito é concedido sob a forma de pagamento diferido de um bem ou serviço, ou está ligado ao fornecimento de bens específicos ou à prestação de um serviço. Nome do bem/serviço.......................... Preço a pronto....................................	
Se aplicável, Garantias exigidas (tipo de garantias) Descrição da garantia a dar pelo consumidor em relação ao contrato de crédito Se aplicável, Os reembolsos não dão origem a amortização imediata do capital	

3 – Custos do crédito:

A taxa devedora ou, se aplicável, as diferentes taxas devedoras aplicáveis ao contrato de crédito	Percentagem fixa ou variável (com o índice ou a taxa de referência relativos à taxa devedora inicial) Prazos.

Anexo II

A taxa anual de encargos efectiva global (TAEG) Trata-se do custo total do crédito expresso em percentagem anual do montante total do crédito. É indicada a TAEG para ajudar o consumidor a comparar as diferentes ofertas.	Introduzir exemplos representativos que indiquem todos os pressupostos utilizados no cálculo desta taxa
Para a obtenção do crédito ou para a obtenção do crédito nos termos e condições de mercado, é obrigatório Subscrever uma apólice de seguro para cobertura do crédito ou Recorrer a outro contrato de serviço acessório. Se o credor não tiver conhecimento dos custos desses serviços, não são incluídos na TAEG.	Sim/não (na afirmativa, especificar tipo de seguro) Sim/não (na afirmativa, especificar tipo de serviço acessório)
Custos conexos	
Se aplicável, É requerida a manutenção de uma ou mais contas para registar simultaneamente as operações de pagamento e as utilizações de crédito.	
Se aplicável, Montante dos custos relativos à utilização de um meio de pagamento específico (por exemplo, cartão de crédito)	
Se aplicável, Quaisquer outros custos decorrentes do contrato de crédito	
Se aplicável, Condições em que os custos acima mencionados relacionados com o contrato de crédito podem ser alterados	
Se aplicável, Obrigação de pagar custos com a celebração do contrato	
Custos em caso de pagamentos em atraso A falta de pagamento pode ter consequências graves (por exemplo, a venda forçada) e dificultar a obtenção de crédito.	As faltas de pagamento acarretarão encargos adicionais para o consumidor [... (taxas de juros aplicáveis e mecanismos para o seu ajustamento e, se for caso disso, custos do incumprimento)].

4 – **Outros aspectos jurídicos importantes:**

O consumidor tem o direito de revogar o contrato de crédito no prazo de 14 dias	
O consumidor tem o direito de cumprir antecipadamente o contrato de crédito, em qualquer momento, integral ou parcialmente.	
Se aplicável, O credor tem direito a uma compensação em caso de cumprimento antecipado	(a determinação da compensação é feita de acordo com o artigo 19.° do Decreto-Lei 133/2009)
O credor deve informar o consumidor imediata e gratuitamente do resultado da consulta de uma base de dados, se o pedido de crédito for rejeitado com fundamento nessa consulta. Tal não é aplicável se a comunicação dessas informações for proibida pelo direito comunitário ou se for contrária aos objectivos da ordem pública ou da segurança pública.	
O consumidor tem o direito de, a pedido, obter gratuitamente uma cópia do projecto de contrato de crédito. Esta disposição não é aplicável se, no momento em que é feito o pedido, o credor não estiver disposto a proceder à celebração do contrato de crédito com o consumidor.	
Se aplicável, O prazo durante o qual o mutuante se encontra vinculado pelas informações pré-contratuais	Estas informações são válidas de ... a ....

Anexo II   137

5 – Informações adicionais em caso de contratação à distância de serviços financeiros:

Quanto ao credor Se aplicável, Informação obrigatória............................ Informação facultativa.............................	Identificação do representante do credor Endereço geográfico a utilizar pelo consumidor Número de telefone Endereço de correio electrónico Número de fax Endereço da Internet
Se aplicável, Registo comercial em que o credor se encontra inscrito e respectivo número de registo Se aplicável, A autoridade de supervisão	

Quanto ao contrato de crédito:
Se aplicável,
Exercício do direito de revogação do contrato
  de crédito.
Se aplicável,
A lei indicada pelo credor aplicável às relações
  com o consumidor antes da celebração
  do contrato de crédito.
Se aplicável,
Cláusula que prevê a lei aplicável ao contrato
  de crédito e ou o foro competente
Se aplicável,
Regime linguístico
	(Especificar, designadamente, o prazo para
	  o exercício do direito, o endereço para
	  o qual deve ser enviada a comunicação;
	  as consequências do não exercício do direito.)
	(Cláusula específica.)
	(As condições e as informações relativas
	  ao contrato de crédito serão redigidas
	  em português.)

Quanto aos recursos
Existência de processos extrajudiciais
  de reclamação e de recurso e o respectivo
  modo de acesso
	(A existência ou inexistência de processos
	  extrajudiciais de reclamação e de recurso
	  acessíveis ao consumidor que é parte
	  no contrato à distância e, quando existam,
	  o respectivo modo de acesso)

ANEXO III

Informação normalizada europeia
em matéria de crédito a consumidores relativa a descobertos,
crédito a consumidores concedido por certas organizações
de crédito e conversão de dívidas

1 – Identificação e informações sobre o credor/mediador de crédito:

Quanto ao credor	
Informação obrigatória...........................	Identificação do credor Endereço geográfico do credor a utilizar pelo consumidor
Informação facultativa...........................	Número de telefone Endereço de correio electrónico Número de fax Endereço da Internet

Quanto ao mediador do crédito	
Informação obrigatória...........................	Identificação do mediador do crédito Endereço geográfico do mediador do crédito a utilizar pelo consumidor
Informação facultativa...........................	Número de telefone Endereço de correio electrónico Número de fax Endereço da Internet

2 – Descrição das principais características do crédito:

O tipo de crédito....................................	
O montante total do crédito..................... O limite máximo ou o total dos montantes disponibilizados nos termos de um contrato de crédito	
A duração do contrato de crédito	
Se aplicável, A indicação de que, a todo o tempo, pode ser exigido ao consumidor o reembolso integral do crédito, a pedido do credor	

3 – **Custos do crédito:**

A taxa nominal ou, se aplicável, as diferentes taxas devedoras aplicáveis ao contrato de crédito	Percentagem fixa ou variável (com o índice ou a taxa de referência relativos à taxa devedora inicial) Prazos.
A taxa anual de encargos efectiva global (TAEG) Trata-se do custo total do crédito expresso em percentagem anual do montante total do crédito. É indicada a TAEG para ajudar o consumidor a comparar as diferentes ofertas.	Introduzir exemplos representativos que indiquem todos os pressupostos utilizados no cálculo desta taxa.
Se aplicável, Custos Se aplicável, As condições em que esses custos podem ser alterados	(Os custos aplicáveis a partir do momento em que é celebrado o contrato de crédito)
Custos em caso de pagamentos em atraso	As faltas de pagamento acarretarão encargos adicionais para o consumidor [... (taxas de juros aplicáveis e mecanismos para o seu ajustamento e, se for caso disso, custos do incumprimento)].

4 – **Outros aspectos jurídicos importantes:**

Extinção do contrato de crédito.................	(as modalidades e as condições de extinção do contrato de crédito)
Consulta de uma base de dados................. O credor deve informar o consumidor imediata e gratuitamente do resultado da consulta de uma base de dados, se o pedido de crédito for rejeitado com base nessa consulta. Tal não é aplicável se a comunicação dessas informações for proibida pelo direito comunitário ou se for contrária aos objectivos da ordem pública ou da segurança pública.	
Se aplicável, O prazo durante o qual o credor se encontra vinculado pelas informações pré-contratuais	Estas informações são válidas de ... a ....

5 – Informações adicionais a prestar caso as informações pré-contratuais sejam dadas por certas organizações de crédito (artigo 3.°) ou digam respeito a um crédito aos consumidores para conversão de dívidas:

As prestações e, se for o caso, a ordem pela qual devem ser pagas	O consumidor terá de pagar... (exemplo representativo de uma tabela de prestações que inclua o montante, o número e a frequência dos pagamentos a efectuar)
O montante total a pagar pelo consumidor	
O consumidor tem o direito de cumprir antecipadamente o contrato de crédito, em qualquer momento, integral ou parcialmente.	
Se aplicável, O credor tem direito a uma compensação em caso de cumprimento antecipado	(a determinação da compensação é feita de acordo com o artigo 19.° do Decreto-Lei 133/2009)

6 – Informações adicionais em caso de contratação à distância de serviços financeiros:

Quanto ao credor Se aplicável, Informação obrigatória........................... Informação facultativa........................... Se aplicável, Registo comercial em que o credor se encontra inscrito e respectivo número de registo Se aplicável, Autoridade de supervisão.......................	Identificação do representante do credor Endereço geográfico a utilizar pelo consumidor Número de telefone Endereço de correio electrónico Número de fax Endereço Internet
Quanto ao contrato de crédito Se aplicável Exercício do direito de revogação do contrato de crédito	(Especificar, designadamente, o prazo para o exercício do direito, o endereço para o qual deve ser dirigida comunicação; as consequênciasdo não exercício do direito)

Se aplicável, A lei indicada pelo credor aplicação às relações com o consumidor antes da celebração do contrato de crédito Se aplicável, Cláusula que prevê a lei aplicável ao contrato de crédito e/ou o foro competente Se aplicável, Regime linguístico	(Cláusula específica) (As condições as informações relativas ao contrato de crédito serão redigidas em português)
Quanto aos recursos Existência de processos extrajudiciais de reclamação e de recurso e o respectivo modo de acesso	(A existência ou inexistência de processos extrajudiciais de reclamação e de recurso acessíveis ao consumidor que é parte no contrato à distância e, quando existam, o respectivo modo de acesso)

ANEXO

DIRECTIVA 2008/48/CE
DO PARLAMENTO EUROPEU E DO CONSELHO,
de 23 de Abril de 2008,

**relativa a contratos de crédito aos consumidores e que revoga
a Directiva 87/102/CEE do Conselho** *

O PARLAMENTO EUROPEU E O CONSELHO DA UNIÃO EUROPEIA,

Tendo em conta o Tratado que institui a Comunidade Europeia, nomeadamente o artigo 95.°,

Tendo em conta a proposta da Comissão,

Tendo em conta o parecer do Comité Económico e Social Europeu[1],

Deliberando nos termos do artigo 251.° do Tratado[2],

Considerando o seguinte:

(1) A Directiva 87/102/CEE do Conselho, de 22 de Dezembro de 1986, relativa à aproximação das disposições legislativas, regulamentares e administrativas dos Estados-Membros relativas ao crédito ao consumo[3], estabelece regras a nível comunitário para os contratos de crédito ao consumo.

(2) Em 1995, a Comissão apresentou um relatório sobre a aplicação da Directiva 87/102/CEE e procedeu a uma ampla consulta das partes interessadas.

---

* Atendendo à extensão da Dir. 2008/48/CE e em função de os Anexos I, II, e III da mesma serem praticamente idênticos aos Anexos I, II e III do DL 133/2009, supra mencionados, optamos por não os reproduzir na versão portuguesa do texto comunitário.

[1] JO C 234 de 30.9.2003, p. 1.

[2] Parecer do Parlamento Europeu de 20 de Abril de 2004 (JO C 104 E de 30.4.2004, p. 233), posição comum do Conselho de 20 de Setembro de 2007 (JO C 270 E de 13.11.2007, p. 1) e posição do Parlamento Europeu de 16 de Janeiro de 2008 (ainda não publicada no Jornal Oficial). Decisão do Conselho de 7 de Abril de 2008.

[3] JO L 42 de 12.2.1987, p. 48. Directiva com a última redacção que lhe foi dada pela Directiva 98/7/CE do Parlamento Europeu e do Conselho (JO L 101 de 1.4.1998, p. 17).

Em 1997, a Comissão apresentou um relatório de síntese das reacções e comentários ao relatório de 1995. Em 1996, foi elaborado um segundo relatório sobre a aplicação da Directiva 87//102/CEE.

(3) Resulta desses relatórios e dessas consultas que subsistem diferenças substanciais entre as legislações dos diferentes Estados-Membros no domínio do crédito às pessoas singulares em geral e do crédito aos consumidores em particular. Com efeito, a análise dos diplomas nacionais de transposição da Directiva 87/102/CEE revela que os Estados-Membros utilizam vários mecanismos de defesa do consumidor, para além da Directiva 87/102/CEE, devido às diferenças existentes na situação jurídica ou económica a nível nacional.

(4) A situação de facto e de direito que resulta destas disparidades nacionais em determinados casos provoca distorções de concorrência entre os mutuantes na Comunidade e levanta obstáculos ao mercado interno, caso os Estados-Membros tenham aprovado disposições obrigatórias mais restritivas do que as previstas na Directiva 87//102/CEE. Isto limita as possibilidades de os consumidores recorrerem directamente ao crédito transfronteiriço, cuja disponibilidade tem vindo a aumentar. Por sua vez, estas distorções e restrições podem ter consequências em termos de procura de bens e de serviços.

(5) Nos últimos anos, os tipos de crédito oferecidos aos consumidores e por estes utilizados evoluíram significativamente. Surgiram novos instrumentos de crédito, cuja utilização continua a aumentar. Importa, por conseguinte, alterar as disposições em vigor e, se necessário, alargar o seu âmbito de aplicação.

(6) Nos termos do Tratado, o mercado interno compreende um espaço sem fronteiras internas no qual é assegurada a livre circulação das mercadorias e dos serviços e a liberdade de estabelecimento. O desenvolvimento de um mercado de crédito mais transparente e mais eficaz num espaço sem fronteiras internas é essencial para favorecer a expansão das actividades transfronteiriças.

(7) A fim de facilitar a emergência de um mercado interno do crédito aos consumidores que funcione correctamente, é necessário prever um quadro comunitário harmonizado em determinados domínios essenciais. Tendo em conta a permanente evolução do mercado do crédito aos consumidores e a crescente mobilidade dos cidadãos europeus, uma legislação comunitária prospectiva, capaz de se adaptar a novas formas de crédito e que permita aos Estados-Membros a flexibilidade adequada à sua execução, deverá contribuir para estabelecer um acervo legislativo moderno em matéria de crédito aos consumidores.

Directiva 2008/48/CE do Parlamento Europeu e do Conselho 147

(8) É importante que o mercado proporcione um nível suficiente de defesa dos consumidores, a fim de garantir a confiança por parte destes. Assim, a livre circulação das ofertas de crédito deverá poder decorrer nas melhores condições, tanto do lado da oferta, como do lado da procura, tendo na devida conta as situações específicas dos vários Estados-Membros.

(9) A harmonização plena é necessária para garantir que todos os consumidores da Comunidade beneficiem de um nível elevado e equivalente de defesa dos seus interesses e para instituir um verdadeiro mercado interno. Por conseguinte, os Estados-Membros não deverão ser autorizados a manter nem a introduzir outras disposições para além das estabelecidas na presente directiva. Todavia, esta restrição só será aplicável nos casos em que existam disposições harmonizadas na presente directiva. Caso não existam essas disposições harmonizadas, os Estados--Membros deverão continuar a dispor da faculdade de manter ou introduzir legislação nacional. Assim, os Estados-Membros podem, por exemplo, manter ou introduzir disposições nacionais relativas à responsabilidade solidária do vendedor ou fornecedor dos serviços e do mutuante. Os Estados-Membros poderão também, por exemplo, manter ou introduzir disposições nacionais relativas à resolução do contrato de compra e venda de bens ou de prestação de serviços se o consumidor exercer o direito de retractação que lhe assiste nos termos do contrato de crédito. A este respeito, os Estados-Membros, no caso de contratos de crédito por período indeterminado, deverão ser autorizados a fixar um prazo mínimo a decorrer entre o momento em que o mutuante solicita o reembolso e o dia em que o crédito tem de ser reembolsado.

(10) As definições constantes da presente directiva determinam o âmbito da harmonização. Por conseguinte, a obrigação de execução das disposições da presente directiva por parte dos Estados-Membros deverá ser limitada ao âmbito determinado por essas definições. Todavia, a presente directiva não deverá obstar a que os Estados-Membros apliquem, de acordo com o direito comunitário, as disposições nela contidas a domínios não abrangidos pelo seu âmbito de aplicação. Um Estado-Membro pode desse modo manter ou introduzir legislação nacional correspondente às disposições da presente directiva ou a determinadas disposições da mesma para contratos de crédito fora do âmbito da presente directiva, por exemplo contratos de crédito de montante inferior a 200 EUR ou superior a 75 000 EUR. Além disso, os Estados-Membros podem também aplicar as disposições da presente directiva ao crédito ligado, que não entra na definição de contrato de crédito ligado constante da presente directiva. Assim, as disposições sobre o contrato de crédito ligado poderão ser aplicadas aos contratos de crédito que sirvam apenas em parte para financiar um contrato relativo ao fornecimento de bens ou à prestação de serviços.

148   *Crédito aos Consumidores*

(11) No caso de contratos de crédito específicos aos quais apenas se apliquem algumas disposições da presente directiva, os Estados-Membros não deverão poder aprovar legislação nacional que transponha outras disposições da presente directiva. Todavia, os Estados-Membros deverão continuar a dispor da faculdade de regular, na respectiva legislação nacional, esses tipos de contrato de crédito no que diga respeito a outros aspectos não harmonizados pela presente directiva.

(12) Os contratos de prestação de serviços ou de fornecimento de bens do mesmo tipo, com carácter de continuidade, nos termos dos quais o consumidor pague esses serviços ou bens a prestações durante todo o período de validade dos referidos contratos, podem ser consideravelmente diferentes dos contratos de crédito abrangidos pela presente directiva, no que diz respeito tanto aos interesses das partes contratantes como às modalidades e à execução das transacções. Assim, há que esclarecer que tais contratos não são considerados contratos de crédito para efeitos da presente directiva. O contrato de seguro nos termos do qual o seguro seja pago em prestações mensais constitui um exemplo desse tipo de contrato.

(13) A presente directiva não se deverá aplicar a certos tipos de contratos de crédito, como os cartões de débito diferido, através dos quais o crédito tem de ser reembolsado num prazo de três meses e pelos quais são cobrados apenas encargos insignificantes.

(14) Há que excluir do âmbito de aplicação da presente directiva os contratos de crédito que prevejam a concessão de um crédito garantido por um bem imóvel. Este tipo de crédito é de natureza muito específica. Além disso, deverão ser excluídos do âmbito da presente directiva os contratos de crédito cuja finalidade seja financiar a aquisição ou a manutenção de direitos de propriedade sobre terrenos ou prédios existentes ou projectados. Todavia, não deverão ser excluídos do âmbito da presente directiva os contratos de crédito apenas pelo facto de a sua finalidade ser a renovação ou a valorização de prédios existentes.

(15) As disposições da presente directiva são aplicáveis independentemente de o mutuante ser uma pessoa colectiva ou uma pessoa singular. Todavia, a presente directiva não afecta o direito dos Estados-Membros limitarem, no respeito do direito comunitário, a concessão de crédito ao consumidor apenas a pessoas colectivas ou a determinadas pessoas colectivas.

(16) Determinadas disposições da presente directiva deverão aplicar-se às pessoas singulares e colectivas (intermediários de crédito) que, no exercício das

Directiva 2008/48/CE do Parlamento Europeu e do Conselho 149

suas actividades comerciais ou profissionais, apresentem ou ofereçam, contra remuneração, contratos de crédito aos consumidores, prestem assistência aos consumidores mediante a realização do trabalho preparatório à obtenção de contratos de crédito ou celebrem contratos de crédito com os consumidores em nome do mutuante. As organizações que permitam a utilização da sua identidade para a promoção de produtos de crédito, tais como cartões de crédito, e que possam igualmente recomendar esses produtos aos seus membros, não deverão ser consideradas como intermediários de crédito para efeitos da presente directiva.

(17) A presente directiva regula apenas algumas obrigações dos intermediários de crédito para com os consumidores. Os Estados-Membros deverão, portanto, continuar a ter a liberdade de manter ou de introduzir obrigações adicionais que incumbam aos intermediários de crédito, nomeadamente as condições em que um intermediário de crédito pode receber uma remuneração por parte de um consumidor que solicitou os seus serviços.

(18) Os consumidores deverão ser protegidos contra as práticas desleais ou enganosas, em especial no que diz respeito à divulgação de informação pelo mutuante, nos termos da Directiva 2005/29/CE do Parlamento Europeu e do Conselho, de 11 de Maio de 2005, relativa às práticas comerciais desleais das empresas face aos consumidores no mercado interno («Directiva relativa às práticas comerciais desleais»)[4]. Contudo, a presente directiva deverá prever disposições específicas em matéria de publicidade relativa aos contratos de crédito, bem como determinadas informações normalizadas que deverão ser prestadas aos consumidores para que estes possam, nomeadamente, comparar diferentes ofertas. Essas informações deverão ser dadas de modo claro, conciso e visível por meio de um exemplo representativo. Um limite máximo deverá ser indicado caso não seja possível especificar o montante total do crédito na forma da totalidade dos montantes disponibilizados, em especial caso um contrato de crédito conceda ao consumidor o direito de abatimento limitado no que respeita ao montante. Esse limite máximo deverá indicar o montante máximo de crédito que pode ser concedido ao consumidor. Além disso, os Estados-Membros deverão ser livres de prever, na respectiva legislação nacional, requisitos relativos à informação no que se refere à publicidade que não contenha informação sobre os custos do crédito.

(19) Para que possam tomar as suas decisões com pleno conhecimento de causa, os consumidores deverão receber informações adequadas, que possam

---

[4] JO L 149 de 11.6.2005, p. 22.

levar consigo e apreciar, sobre as condições e o custo do crédito, bem como sobre as suas obrigações, antes da celebração do contrato de crédito. Para garantir a maior transparência possível e para permitir a comparabilidade das ofertas, estas informações deverão incluir, nomeadamente, a taxa anual de encargos efectiva global aplicável ao crédito e determinada da mesma forma em toda a Comunidade. Dado que a taxa anual de encargos efectiva global apenas pode, nesta fase, ser indicada através de um exemplo, este deverá ser representativo. Assim sendo, deverá corresponder, por exemplo, à duração média e ao montante total do crédito concedido para o tipo de contrato de crédito em causa e, se aplicável, aos bens adquiridos. Para a determinação do exemplo representativo deverá ser tida igualmente em conta a frequência de certos tipos de contrato de crédito num determinado mercado. No que respeita à taxa devedora, à periodicidade das prestações e à capitalização dos juros, os mutuantes deverão recorrer ao método convencional para o cálculo do crédito ao consumidor em causa.

(20) O custo total do crédito para o consumidor deverá incluir todos os custos, designadamente juros, comissões, taxas, a remuneração dos intermediários de crédito e quaisquer outros encargos que o consumidor deva pagar no âmbito do contrato de crédito, com excepção dos custos notariais. O conhecimento dos custos de que o mutuante dispõe efectivamente deverá ser avaliado de forma objectiva, tendo em conta as obrigações em matéria de diligência profissional.

(21) Os contratos de crédito em que a taxa devedora é revista periodicamente com base nas alterações verificadas numa taxa de referência mencionada no contrato de crédito não deverão ser considerados contratos de crédito com taxa devedora fixa.

(22) Os Estados-Membros deverão continuar a dispor da faculdade de manter ou introduzir disposições nacionais que proíbam o mutuante de exigir ao consumidor que, no âmbito do contrato de crédito, abra uma conta bancária ou celebre um contrato relativo a outro serviço acessório ou pague despesas ou encargos por essas contas bancárias ou outros serviços acessórios. Nos Estados--Membros em que sejam permitidas tais ofertas combinadas, os consumidores deverão ser informados antes da celebração do contrato de crédito de quaisquer serviços acessórios que sejam obrigatórios para a obtenção do crédito ou a obtenção do mesmo nos termos e condições de mercado. Os custos destes serviços acessórios deverão ser incluídos no custo total do crédito; alternativamente, se o montante destes custos não puder ser determinado de antemão, os consumidores deverão ser devidamente informados da existência destes custos na fase pré-contratual. Presume-se que o mutuante tenha conhecimento dos custos dos serviços acessórios, que, em seu próprio nome ou em nome de terceiros, propõe ao con-

Directiva 2008/48/CE do Parlamento Europeu e do Conselho 151

sumidor, a menos que o respectivo preço dependa das características ou da situação específicas do consumidor.

(23) No entanto, em relação a tipos específicos de contrato de crédito, a fim de garantir um nível adequado de defesa do consumidor sem sobrecarregar excessivamente os mutuantes ou, se for caso disso, os intermediários de crédito, é conveniente limitar os requisitos de informação pré-contratual da presente directiva, tendo em conta o carácter específico desse tipo de contratos.

(24) É necessário que o consumidor seja exaustivamente informado antes da celebração do contrato de crédito, independentemente de haver ou não um intermediário envolvido na comercialização do crédito. Por conseguinte, de um modo geral, os requisitos de informação pré-contratual deverão também ser aplicáveis aos intermediários de crédito. Contudo, se os fornecedores de bens ou os prestadores de serviços actuarem na qualidade de intermediários de crédito a título acessório, não é conveniente impor-lhes a obrigação jurídica de prestarem informações pré-contratuais nos termos da presente directiva. Pode considerar-se, por exemplo, que os fornecedores de bens e serviços actuam como intermediários de crédito a título acessório se a sua actividade nessa qualidade não for o principal objectivo da sua actividade comercial ou profissional. Nestes casos, é ainda garantido um nível suficiente de protecção do consumidor, dado que o mutuante tem a responsabilidade de assegurar que o consumidor receba toda a informação pré-contratual, seja através do intermediário – se o mutuante e o intermediário assim o acordarem – seja de qualquer outro modo adequado.

(25) O eventual carácter vinculativo da informação prestada ao consumidor antes da celebração do contrato de crédito e o prazo durante o qual o mutuante se encontra vinculado a essa informação podem ser regulamentados pelos Estados- -Membros.

(26) Os Estados-Membros deverão tomar as medidas adequadas para incentivar práticas responsáveis em todas as fases da relação de crédito, tendo em conta as especificidades do seu mercado de crédito. Essas medidas podem incluir, por exemplo, a informação e a educação dos consumidores, designadamente advertências quanto aos riscos que advêm da falta de pagamento e do sobre-endividamento. Num mercado de crédito em expansão, é especialmente importante que os mutuantes não concedam empréstimos de modo irresponsável ou não concedam crédito sem uma prévia verificação da solvabilidade e que os Estados-Membros efectuem a supervisão necessária para evitar tal comportamento e determinem as sanções necessárias para punir os mutuantes que adoptem tal comportamento. Sem prejuízo das disposições em matéria de risco de crédito contidas na Directiva

152   *Crédito aos Consumidores*

2006/48/CE do Parlamento Europeu e do Conselho, de 14 de Junho de 2006, relativa ao acesso à actividade das instituições de crédito e ao seu exercício[5], os mutuantes deverão ser responsáveis por verificar, individualmente, a solvabilidade do consumidor. Para o efeito, deverão ser autorizados a utilizar informações prestadas pelo consumidor não só durante a preparação do contrato de crédito em causa, mas também durante uma relação comercial de longa data. As autoridades dos Estados-Membros poderão também dar instruções e orientações adequadas aos mutuantes. Também os consumidores deverão agir com prudência e respeitar as suas obrigações contratuais.

(27) Apesar de ter recebido as informações pré-contratuais, o consumidor pode ainda ter necessidade de assistência suplementar para determinar, de entre o leque de produtos propostos, qual o contrato de crédito que melhor se adequa às suas necessidades e à sua situação financeira. Por conseguinte, os Estados-Membros deverão garantir que os mutuantes prestem essa assistência relativamente aos produtos de crédito que oferecem ao consumidor. Sempre que tal se revele necessário, a informação pré-contratual relevante, bem como as características essenciais dos produtos propostos, deverão ser explicadas ao consumidor de forma personalizada, de modo que este possa compreender os efeitos daí decorrentes para a sua situação económica. Se for caso disso, esse dever de prestar assistência ao consumidor deverá igualmente ser aplicável aos intermediários de crédito. Os Estados-Membros deverão poder determinar quando e em que medida essas explicações deverão ser dadas ao consumidor, tendo em conta o contexto particular em que o crédito é oferecido, a necessidade de assistência ao consumidor e a natureza de cada produto de crédito.

(28) A fim de avaliar a solvabilidade de um consumidor, o mutuante deverá também consultar as bases de dados relevantes; as circunstâncias de facto e de direito podem exigir que tais consultas sejam de âmbito variável. A fim de evitar distorções de concorrência entre os mutuantes, há que assegurar o acesso destes às bases de dados públicas ou privadas relativas aos consumidores de um Estado-Membro em que não estejam estabelecidos, em condições não discriminatórias relativamente aos mutuantes desse Estado-Membro.

(29) Caso a decisão de recusar um pedido de crédito tenha sido tomada com base na consulta de uma base de dados, o mutuante deverá informar o consumidor desse facto bem como dos elementos da base de dados consultada. Todavia,

---

5   JO L 177 de 30.6.2006, p. 1. Directiva com a última redacção que lhe foi dada pela Directiva 2008/24/CE (JO L 81 de 20.3.2008, p. 38).

Directiva 2008/48/CE do Parlamento Europeu e do Conselho 153

o mutuante não deverá ser obrigado a dar essas informações quando outra legislação comunitária o proibir, por exemplo a legislação em matéria de branqueamento de capitais ou de financiamento do terrorismo. Além disso, essas informações não deverão ser prestadas se forem contrárias aos objectivos de ordem pública ou de segurança pública, tais como a prevenção, investigação, detecção ou repressão de infracções penais.

(30) A presente directiva não regula as questões de direito dos contratos relacionadas com a validade dos contratos de crédito. Por conseguinte, nesse domínio, os Estados-Membros podem manter ou introduzir disposições nacionais conformes com o direito comunitário. Os Estados-Membros podem regular o regime jurídico da oferta de celebração de contratos de crédito, nomeadamente o momento em que esta deve ser efectuada e o período durante o qual é vinculativa para o mutuante. Se for efectuada ao mesmo tempo que é dada a informação pré-contratual prevista pela presente directiva, a oferta deverá ser, tal como qualquer outra informação adicional que o mutuante deseje dar ao consumidor, apresentada num documento separado que pode ser anexado à «Informação Normalizada Europeia em matéria de Crédito aos Consumidores».

(31) Para que o consumidor possa conhecer os seus direitos e obrigações decorrentes do contrato de crédito, este deverá conter toda a informação necessária, apresentada de forma clara e concisa.

(32) A fim de garantir total transparência, o consumidor deverá ser informado da taxa devedora, tanto na fase pré-contratual como no momento da celebração do contrato de crédito. Durante a relação contratual, o consumidor deverá ainda ser informado de quaisquer alterações à taxa devedora variável e das alterações aos pagamentos que daí possam resultar. Tal não prejudica o direito interno não relacionado com a informação do consumidor que estabeleça as condições para alterações ou as consequências dessas alterações, para além das que se referem aos pagamentos, às taxas devedoras e a outras condições económicas respeitantes ao crédito, nomeadamente as regras que determinam que o mutuante só tem direito a alterar a taxa devedora se existir um motivo válido para tal, ou que o consumidor pode resolver o contrato em caso de alteração da taxa devedora ou de outras condições económicas relativas ao crédito.

(33) As partes contratantes deverão ter o direito de proceder, pela forma habitual, à resolução do contrato de crédito por período indeterminado. Além disso, se tal estiver previsto no contrato de crédito, o mutuante deverá poder suspender o direito do consumidor de fazer levantamentos sobre um contrato de crédito por período indeterminado por razões objectivamente justificadas. Essas

154 *Crédito aos Consumidores*

razões podem ser, por exemplo, a suspeita de uso não autorizado ou fraudulento do crédito ou um risco sensivelmente acrescido de que o consumidor não possa cumprir as suas obrigações de reembolso do crédito. A presente directiva não afecta as disposições nacionais em matéria de direito dos contratos que regulam os direitos das partes contratantes de resolverem o contrato de crédito com base em incumprimento do contrato.

(34) A fim de aproximar as condições de exercício do direito de retractação em domínios similares, é necessário prever um direito de retractação sem penalização e sem obrigatoriedade de indicação de motivo, em condições similares às previstas na Directiva 2002/65/CE do Parlamento Europeu e do Conselho, de 23 de Setembro de 2002, relativa à comercialização à distância de serviços financeiros prestados a consumidores[6].

(35) Quando o consumidor exercer o direito de retractação do contrato de crédito em virtude do qual tenha recebido bens, nomeadamente no caso de uma compra a prestações ou de contratos de aluguer ou de locação financeira que prevejam uma obrigação de compra, a presente directiva não deverá prejudicar as regulamentações dos Estados-Membros relativas à devolução dos bens ou a eventuais questões conexas.

(36) Em alguns casos, a legislação nacional já prevê que não podem ser disponibilizados fundos aos consumidores antes do decurso de um prazo determinado. Nestes casos, os consumidores podem querer garantir que recebem os bens ou as prestações de serviços adquiridos anteriormente. Por conseguinte, em caso de contratos de crédito ligados, os Estados-Membros poderão excepcionalmente prever que, se o consumidor expressamente desejar uma recepção antecipada, o prazo para o exercício do direito de retractação poderá ser reduzido para o prazo antes do qual os fundos não podem ser disponibilizados.

(37) No caso dos contratos de crédito ligados, existe uma relação de interdependência entre a aquisição de bens ou serviços e o contrato de crédito celebrado para esse efeito. Por conseguinte, se o consumidor exercer o seu direito de retractação relativamente ao contrato de compra e venda, com base no direito comunitário, deverá deixar de estar vinculado pelo contrato de crédito ligado. Tal não deverá afectar a legislação nacional aplicável aos contratos de crédito ligados caso um contrato de compra tenha sido declarado nulo ou o consumidor

---

6 JO L 271 de 9.10.2002, p. 16. Directiva com a última redacção que lhe foi dada pela Directiva 2007/64/CE (JO L 319 de 5.12.2007, p. 1).

tenha exercido o seu direito de retratação nos termos do direito interno. Tão pouco deverá afectar os direitos dos consumidores que lhes assistem ao abrigo das disposições nacionais que estabelecem que não existe qualquer compromisso contratual vinculativo entre o consumidor e um fornecedor de bens ou um prestador de serviços nem efectuado qualquer pagamento entre essas pessoas enquanto o consumidor não tiver assinado o contrato de crédito a fim de financiar a aquisição dos bens ou dos serviços.

(38) Em determinadas condições, o consumidor deverá ser autorizado a interpelar o mutuante em caso de problemas relacionados com o contrato de compra e venda. Todavia, os Estados-Membros deverão determinar em que medida e em que condições o consumidor deverá interpelar o fornecedor, em particular por meio de acção judicial, antes de poder interpelar o mutuante. A presente directiva não deverá privar os consumidores dos direitos que lhes são conferidos pelas disposições nacionais que estabelecem a responsabilidade solidária do vendedor ou do prestador de serviços e do mutuante.

(39) O consumidor deverá ter o direito de cumprir as suas obrigações antes da data estipulada no contrato de crédito. Em caso de reembolso antecipado, quer parcial, quer total, o mutuante deverá ter direito a uma indemnização pelos custos directamente relacionados com o reembolso antecipado, tendo-se igualmente em conta as poupanças que advieram para o mutuante. No entanto, para determinar o método de cálculo da indemnização, importa respeitar vários princípios. O cálculo da indemnização ao mutuante deverá ser transparente e compreensível para os consumidores já na fase pré-contratual e em qualquer caso durante a execução do contrato de crédito. Além disso, o método de cálculo deverá ser fácil de aplicar para os mutuantes e a supervisão da indemnização pelas autoridades responsáveis deverá ser facilitada. Consequentemente, e tendo em conta que um crédito ao consumidor, em virtude da sua duração e do seu volume, não é financiado por mecanismos de financiamento a longo prazo, o limite máximo da indemnização deverá ser fixado com base num montante forfetário. Esta abordagem reflecte a especificidade dos créditos aos consumidores e não deverá prejudicar uma eventual abordagem diferente para outros produtos financiados por mecanismos de financiamento de longo prazo, como os créditos hipotecários de taxa fixa.

(40) Os Estados-Membros deverão dispor da faculdade de prever que a indemnização por reembolso antecipado possa ser pedida pelo mutuante apenas na condição de o montante do reembolso exceder, num período de 12 meses, um limiar fixado pelos Estados-Membros. Ao fixar este limiar, que não deverá ser superior a 10 000 EUR, os Estados-Membros deverão ter em conta, por exemplo, o montante médio dos créditos aos consumidores no respectivo mercado.

156   *Crédito aos Consumidores*

(41) A cessão dos direitos do mutuante nos termos de um contrato de crédito não deverá resultar numa posição menos favorável para o consumidor. O consumidor deverá também ser devidamente informado da cessão do contrato de crédito a terceiros. Contudo, quando o mutuante inicial, de comum acordo com o cessionário, continuar a assegurar o serviço do crédito perante o consumidor, este não tem especial interesse em ser informado da cessão. Por conseguinte, nestes casos, seria excessivo impor, ao nível da União Europeia, a exigência de informar o consumidor a respeito da cessão.

(42) Os Estados-Membros deverão continuar a dispor da liberdade de manter ou introduzir normas nacionais que prevejam formas colectivas de comunicação quando tal seja necessário para fins relacionados com a eficácia de transacções complexas, como a titularização ou liquidação de activos que ocorram no quadro da liquidação administrativa compulsiva de instituições bancárias.

(43) A fim de promover o estabelecimento e o funcionamento do mercado interno e garantir um elevado grau de defesa dos consumidores em toda a Comunidade, é necessário garantir a comparabilidade da informação relativa às taxas anuais de encargos efectivas globais em toda a Comunidade. Apesar da fórmula matemática uniforme para o seu cálculo, a taxa anual de encargos efectiva global prevista na Directiva 87/102/CEE não é ainda inteiramente comparável em toda a Comunidade. Nos vários Estados-Membros, são tidos em conta no cálculo desta taxa diferentes elementos de custo. Por conseguinte, a presente directiva deverá definir clara e exaustivamente o custo total de um crédito para o consumidor.

(44) A fim de assegurar a transparência e a estabilidade do mercado, e na pendência de uma maior harmonização, os Estados-Membros deverão garantir a aprovação de medidas adequadas em matéria de regulamentação ou supervisão dos mutuantes.

(45) A presente directiva respeita os direitos fundamentais e observa os princípios reconhecidos, nomeadamente, na Carta dos Direitos Fundamentais da União Europeia. Em especial, a presente directiva visa garantir o pleno respeito das disposições em matéria de protecção de dados pessoais, de propriedade, de não discriminação, de protecção da vida familiar e profissional e de defesa dos consumidores, em conformidade com a Carta dos Direitos Fundamentais da União Europeia.

(46) Atendendo a que o objectivo da presente directiva, a saber, o estabelecimento de regras comuns para determinados aspectos das disposições legislativas, regulamentares e administrativas dos Estados-Membros em matéria de cré-

Directiva 2008/48/CE do Parlamento Europeu e do Conselho 157

dito aos consumidores, não pode ser suficientemente realizado pelos Estados-
-Membros e pode, pois, ser melhor alcançado ao nível comunitário, a Comunidade pode tomar medidas em conformidade com o princípio da subsidiariedade
consagrado no artigo 5.° do Tratado. Em conformidade com o princípio da pro-
porcionalidade consagrado no mesmo artigo, a presente directiva não excede o
necessário para atingir esse objectivo.

(47) Os Estados-Membros deverão estabelecer o regime das sanções aplicáveis às violações das disposições nacionais de transposição da presente directiva e assegurar a respectiva aplicação. Embora a determinação das sanções fique
ao critério dos Estados-Membros, as sanções previstas deverão ser efectivas, proporcionadas e dissuasivas.

(48) As medidas necessárias à execução da presente directiva deverão ser
aprovadas nos termos da Decisão 1999/468/CE do Conselho, de 28 de Junho
de 1999, que fixa as regras de exercício das competências de execução atribuídas
à Comissão[7].

(49) Em especial, deverá ser atribuída competência à Comissão para aprovar pressupostos adicionais para o cálculo da taxa anual de encargos efectiva global. Atendendo a que têm alcance geral e se destinam a alterar elementos não
essenciais da presente directiva, essas medidas devem ser aprovadas pelo procedimento de regulamentação com controlo previsto no artigo 5.°-A da Decisão
1999/468/CE.

(50) Nos termos do ponto 34 do Acordo Interinstitucional «Legislar Melhor»[8], os Estados-Membros são encorajados a elaborar, para si próprios e no interesse da Comunidade, os seus próprios quadros, que ilustrem, na medida do possível, a concordância entre a presente directiva e as medidas de transposição, e a
publicá-los.

(51) Assim, tendo em conta o número de alterações que é necessário introduzir na Directiva 87/102/CEE devido à evolução do sector do crédito aos consumidores e no interesse da clareza da legislação comunitária, essa directiva deverá
ser revogada e substituída pela presente directiva,

---

[7] JO L 184 de 17.7.1999, p. 23. Rectificação: JO L 269 de 19.10.1999, p. 45. Decisão com a redacção que lhe foi dada pela Decisão 2006/512/CE (JO L 200 de 22.7.2006,
p. 11).

[8] JO C 321 de 31.12.2003, p. 1.

158 *Crédito aos Consumidores*

APROVARAM A PRESENTE DIRECTIVA:

CAPÍTULO I
Objecto, âmbito de aplicação e definições

ARTIGO 1.º
(Objecto)

A presente directiva visa a harmonização de determinados aspectos das disposições legislativas, regulamentares e administrativas dos Estados-Membros em matéria de contratos que regulam o crédito aos consumidores.

ARTIGO 2.º
(Âmbito de aplicação)

1. A presente directiva é aplicável aos contratos de crédito.

2. A presente directiva não é aplicável a:

a) Contratos de crédito garantidos por hipoteca ou outra garantia equivalente comummente utilizada num Estado-Membro relativa a um bem imóvel ou garantidos por um direito relativo a um bem imóvel;

b) Contratos de crédito cuja finalidade seja financiar a aquisição ou a manutenção de direitos de propriedade sobre terrenos ou prédios existentes ou projectados;

c) Contratos de crédito cujo montante total de crédito seja inferior a 200 € ou superior a 75 000 €;

d) Contratos de aluguer ou de locação financeira que não prevejam uma obrigação de compra do objecto do contrato, seja no próprio contrato, seja num contrato separado; considera-se que existe uma obrigação se assim for decidido unilateralmente pelo mutuante;

e) Contratos de crédito sob a forma de facilidades de descoberto cujo crédito deva ser reembolsado no prazo de um mês;

f) Contratos de crédito cujo crédito é concedido sem juros ou outros encargos e contratos de crédito por força dos quais o crédito deva ser reembolsado no prazo de três meses e pelos quais apenas o pagamento de encargos insignificantes é devido;

g) Contratos de crédito cujo crédito é concedido por um empregador aos seus empregados, no âmbito de uma actividade secundária, sem juros ou com taxas anuais de encargos efectivas globais inferiores às taxas praticadas no mercado, e que não sejam propostos ao público em geral;

h) Contratos de crédito celebrados com empresas de investimento tal como definidas no n.º 1 do artigo 4.º da Directiva 2004/39/CE do Parlamento Europeu e do Conselho, de 21 de Abril de 2004, relativa aos mercados de instrumentos financeiros[9], ou com instituições de crédito tal como definidas no artigo 4.° da Directiva 2006/48/CE que tenham por objecto autorizar um investidor a realizar uma transacção que incida sobre um ou mais dos instrumentos especificados na Secção C do anexo I da Directiva 2004/39//CE, sempre que a empresa de investimento ou a instituição de crédito que concede o crédito intervenha nessa transacção;

i) Contratos de crédito que resultem de uma transacção num tribunal ou perante outra autoridade pública;

j) Contratos de crédito que digam respeito ao pagamento diferido, sem encargos, de uma dívida existente;

k) Contratos de crédito para a celebração dos quais o consumidor deva entregar ao mutuante um bem como garantia e nos quais a responsabilidade do consumidor se limite exclusivamente a essa garantia;

l) Contratos de crédito que digam respeito a empréstimos concedidos a um público restrito ao abrigo de uma disposição legal de interesse geral, com taxas de juros inferiores às praticadas no mercado ou sem juros ou noutras condições mais favoráveis para os consumidores do que as praticadas no mercado e com taxas de juros não superiores às praticadas no mercado.

3. No caso de contratos de crédito sob a forma de facilidades de descoberto cujo crédito deva ser reembolsado mediante pedido ou no prazo de três meses, são aplicáveis apenas os artigos 1.° a 3.°, o n.° 1 do artigo 4.°, as alíneas a) a c) do n.° 2 do artigo 4.°, o n.° 4 do artigo 4.°, os artigos 6.° a 9.°, o n.° 1 do artigo 10.°, o n.° 4 do artigo 10.°, o n.° 5 do artigo 10.°, os artigos 12.°, 15.°, 17.° e os artigos 19.° a 32.°.

4. No caso de contratos de crédito sob a forma de ultrapassagem de crédito, apenas são aplicáveis os artigos 1.° a 3.°, os artigos 18.°, 20.° e os artigos 22.° a 32.°.

5. Os Estados-Membros podem determinar que apenas sejam aplicáveis os artigos 1.° a 4.°, 6.°, 7.° e 9.°, o n.° 1 do artigo 10.°, as alíneas a) a h) e l) do n.° 2 do artigo 10.°, o n.° 4 do artigo 10.°, os artigos 11.°, 13.° e os artigos 16.° a 32.° aos contratos de crédito celebrados por uma organização que:

a) Seja criada em benefício mútuo dos seus membros;

b) Não obtenha lucros em benefício de qualquer outra pessoa para além dos seus membros;

c) Responda a um objecto social imposto pelo direito interno;

d) Receba e gira apenas as poupanças dos seus membros e proporcione fontes de crédito unicamente aos seus membros; e

---

[9] JO L 145 de 30.4.2004, p. 1. Directiva com a última redacção que lhe foi dada pela Directiva 2008/10/CE (JO L 76 de 19.3.2008, p. 33).

e) Proporcione crédito com base numa taxa anual de encargos efectiva global que seja inferior às taxas praticadas no mercado ou esteja sujeita a um limite estabelecido pelo direito interno, e cuja composição esteja restringida a pessoas que residam ou trabalhem num local específico ou a trabalhadores, incluindo os já reformados, de um determinado empregador, ou a pessoas que preencham outras condições previstas no direito interno para a existência de um elo comum entre os membros. Os Estados-Membros podem isentar da aplicação da presente directiva os contratos de crédito celebrados por uma organização desse tipo quando o valor total de todos os contratos de crédito existentes celebrados pela organização for insignificante relativamente ao valor total de todos os contratos de crédito existentes no Estado-Membro em que a organização tem a sua sede e o valor total de todos os contratos de crédito existentes celebrados por todas as organizações desse tipo no Estado-Membro for inferior a 1% do valor total de todos os contratos de crédito existentes celebrados nesse Estado-Membro. Os Estados-Membros devem verificar anualmente se se mantêm as condições para a aplicação desta isenção e adoptar as medidas necessárias para suprimir a isenção quando considerarem que as condições deixaram de ser satisfeitas.

6. Os Estados-Membros podem determinar que apenas sejam aplicáveis os artigos 1.º a 4.º, 6.º, 7.º, 9.º, o n.º 1 do artigo 10.º, as alíneas a) a i), l) e r) do n.º 2 do artigo 10.º, o n.º 4 do artigo 10.º, os artigos 11.º, 13.º, 16.º e 18.º a 32.º aos contratos de crédito que prevejam que o mutuante e o consumidor acordem em disposições relativas ao pagamento diferido ou a métodos de reembolso, se o consumidor já estiver em falta aquando da celebração do contrato de crédito inicial e nos casos em que:

a) Essas disposições sejam susceptíveis de afastar a possibilidade de acção judicial relativa a essa falta; e

b) O consumidor não fique sujeito a condições menos favoráveis do que as do contrato de crédito inicial. No entanto, se o contrato de crédito for abrangido pelo n.º 3, aplicam-se apenas os artigos nele referidos.

ARTIGO 3.º
(Definições)

Para efeitos da presente directiva, entende-se por:

a) «Consumidor»: a pessoa singular que, nas transacções abrangidas pela presente directiva, actua com fins alheios às suas actividades comerciais ou profissionais;

b) «Mutuante»: a pessoa singular ou colectiva que concede ou promete conceder um crédito no âmbito das suas actividades comerciais ou profissionais;

c) «Contrato de crédito»: o contrato por meio do qual um mutuante concede ou promete conceder a um consumidor um crédito sob a forma de pagamento dife-

Directiva 2008/48/CE do Parlamento Europeu e do Conselho 161

rido, empréstimo ou qualquer outro acordo financeiro semelhante; exceptuam-se os contratos de prestação de serviços ou de fornecimento de bens do mesmo tipo com carácter de continuidade, nos termos dos quais o consumidor pague esses serviços ou bens a prestações durante o período de validade dos referidos contratos;

d) «Facilidade de descoberto»: o contrato de crédito explícito nos termos do qual um mutuante permite a um consumidor dispor de fundos que excedem o saldo da conta corrente do consumidor;

e) «Ultrapassagem de crédito»: saque a descoberto tacitamente aceite nos termos do qual um mutuante permite a um consumidor dispor de fundos que excedem o saldo da conta corrente do consumidor ou da facilidade de descoberto acordada;

f) «Intermediário de crédito»: uma pessoa singular ou colectiva que não actue como mutuante e que, no exercício das suas actividades comerciais ou profissionais, contra uma remuneração que pode ser de carácter pecuniário ou assumir qualquer outra forma de retribuição financeira que tenha sido acordada:

    i) apresenta ou propõe contratos de crédito aos consumidores;

    ii) presta assistência aos consumidores mediante a realização de trabalhos preparatórios relativos a contratos de crédito diferentes dos referidos na subalínea i); ou

    iii) celebra contratos de crédito com os consumidores em nome do mutuante;

g) «Custo total do crédito para o consumidor»: todos os custos, incluindo juros, comissões, taxas e encargos de qualquer natureza ligados ao contrato de crédito que o consumidor deve pagar e que são conhecidos do mutuante, com excepção dos custos notariais; os custos decorrentes de serviços acessórios relativos ao contrato de crédito, em especial os prémios de seguro, são igualmente incluídos se, além disso, a celebração do contrato de serviço for obrigatória para a obtenção de todo e qualquer crédito ou para a obtenção do crédito nos termos e condições de mercado;

h) «Montante total imputado ao consumidor»: a soma do montante total do crédito e do custo total do crédito para o consumidor;

i) «Taxa anual de encargos efectiva global»: o custo total do crédito para o consumidor expresso em percentagem anual do montante total do crédito e, sendo caso disso, acrescido dos custos previstos no n.° 2 do artigo 19.°;

j) «Taxa devedora»: a taxa de juros expressa numa percentagem fixa ou variável aplicada numa base anual ao montante do crédito levantado;

k) «Taxa devedora fixa»: uma taxa devedora prevista no contrato de crédito mediante a qual o mutuante e o consumidor acordam numa taxa devedora para toda a duração do contrato de crédito ou em várias taxas devedoras para períodos parciais utilizando exclusivamente uma percentagem fixa específica. Se não forem determinadas no contrato de crédito todas as taxas devedoras, considera-se que a taxa devedora é fixada apenas para os períodos parciais relativamente aos quais as taxas devedoras são determinadas exclusivamente através de uma percentagem fixa específica na celebração do contrato de crédito;

l) «Montante total do crédito»: o limite máximo ou total dos montantes disponibilizados nos termos de um contrato de crédito;

m) «Suporte duradouro»: qualquer instrumento que permita ao consumidor armazenar informações que lhe sejam pessoalmente dirigidas, de um modo que, no futuro, lhe permita um acesso fácil às mesmas durante um período de tempo adequado aos fins a que as informações se destinam e que permita a reprodução inalterada das informações armazenadas;

n) «Contrato de crédito ligado»: um contrato de crédito nos termos do qual:

    i) o crédito em questão serve exclusivamente para financiar um contrato de fornecimento de bens ou de prestação de um serviço específico e

    ii) estes dois contratos constituem uma unidade comercial de um ponto de vista objectivo; considera-se que existe uma unidade comercial quando o crédito ao consumidor for financiado pelo próprio fornecedor ou prestador de serviços ou, no caso de financiamento por terceiros, quando o mutuante recorrer aos serviços do fornecedor ou prestador de serviços para preparar ou celebrar o contrato de crédito ou caso os bens específicos ou a prestação de um serviço específico estejam expressamente previstos no contrato de crédito.

CAPÍTULO II
Informação e práticas anteriores à celebração do contrato de crédito

ARTIGO 4.º
(Informações normalizadas a incluir na publicidade)

1. A publicidade relativa a contratos de crédito que indique uma taxa de juros ou valores relativos ao custo do crédito para o consumidor deve incluir informações normalizadas nos termos do presente artigo. Esta obrigação não se aplica aos casos em que a o direito interno exige que a publicidade relativa a contratos de crédito indique a taxa anual de encargos efectiva global e não uma taxa de juros ou valores relativos a qualquer custo do crédito para o consumidor na acepção do primeiro parágrafo.

2. As informações normalizadas devem especificar, de modo claro, conciso e visível, por meio de um exemplo representativo:

a) A taxa devedora, fixa ou variável ou ambas, juntamente com o detalhe de quaisquer encargos aplicáveis incluídos no custo total do crédito para o consumidor;

Directiva 2008/48/CE do Parlamento Europeu e do Conselho 163

b) O montante total do crédito;

c) A taxa anual de encargos efectiva global; no caso dos contratos de crédito do tipo referido no n.° 3 do artigo 2.°, os Estados-Membros podem determinar que a taxa anual de encargos efectiva global não precisa de ser especificada;

d) Se for caso disso, a duração do contrato de crédito;

e) No caso de um crédito sob a forma de pagamento diferido para um bem ou serviço específico, o preço a pronto e o montante de um eventual pagamento de um sinal; e

f) Se for caso disso, o montante total imputado ao consumidor e o montante das prestações.

3. Se a celebração de um contrato relativo a um serviço acessório ao contrato de crédito, nomeadamente um seguro, for obrigatória para a obtenção do crédito ou para a obtenção do crédito nos termos e condições de mercado, e o custo desse serviço não puder ser antecipadamente determinado, deve igualmente ser mencionada de modo claro, conciso e visível a obrigação de celebrar esse contrato, bem como a taxa anual de encargos efectiva global.

4. O presente artigo aplica-se sem prejuízo do disposto na Directiva 2005/29/CE.

ARTIGO 5.°
(Informações pré-contratuais)

1. Em tempo útil, antes de o consumidor se encontrar obrigado por um contrato de crédito ou uma oferta, o mutuante e, se for caso disso, o intermediário de crédito devem, com base nos termos e nas condições do crédito oferecidas pelo mutuante e, se for caso disso, nas preferências expressas pelo consumidor e nas informações por este fornecidas, dar ao consumidor as informações necessárias para comparar diferentes ofertas, a fim de tomar uma decisão com conhecimento de causa quanto à celebração de um contrato de crédito. Tais informações, em papel ou noutro suporte duradouro, devem ser prestadas através do formulário sobre «Informação Normalizada Europeia em matéria de Crédito aos Consumidores» constante do anexo II. Considera-se que o mutuante cumpriu os requisitos de informação previstos no presente número e nos n.os 1 e 2 do artigo 3.° da Directiva 2002/65/CE se tiver fornecido a «Informação Normalizada Europeia em matéria de Crédito aos Consumidores».

As informações em causa devem especificar:

a) O tipo de crédito;

b) A identificação e o endereço geográfico do mutuante, bem como, se for caso disso, a identificação e o endereço geográfico do intermediário de crédito envolvido;

c) O montante total do crédito e as condições de levantamento;

d) A duração do contrato de crédito;

e) Nos casos de um crédito sob a forma de pagamento diferido para um bem ou serviço específicos e de contratos de crédito ligados, o bem ou serviço em causa, bem como o respectivo preço a pronto;

f) A taxa devedora, as condições aplicáveis a esta taxa e, quando disponíveis, quaisquer índices ou taxas de juros de referência relativos à taxa devedora inicial, bem como os períodos, condições e procedimentos de alteração da taxa devedora; em caso de aplicação de diferentes taxas devedoras em função das circunstâncias, as informações acima referidas sobre todas as taxas aplicáveis;

g) A taxa anual de encargos efectiva global e o montante total imputado ao consumidor, ilustrada através de um exemplo representativo que indique todos os pressupostos utilizados no cálculo desta taxa; se o consumidor tiver comunicado ao mutuante um ou mais componentes do seu crédito preferido, tais como a duração do contrato de crédito e o montante total do crédito, o mutuante deve ter em conta esses componentes; se um contrato de crédito estipular diferentes formas de levantamento com diferentes encargos ou taxas devedoras e o mutuante fizer uso dos pressupostos enunciados na alínea b) da parte II do anexo I, deve indicar que o recurso a outros mecanismos de levantamento para este tipo de acordo de crédito poderá resultar numa taxa anual de encargos efectiva global mais elevada;

h) O montante, o número e a periodicidade dos pagamentos a efectuar pelo consumidor e, se for caso disso, a ordem pela qual os pagamentos devem ser imputados aos diferentes saldos devedores a que se aplicam taxas devedoras diferenciadas para efeitos de reembolso;

i) Se for caso disso, os encargos relativos à manutenção de uma ou mais contas para registar simultaneamente operações de pagamento e levantamentos de crédito, a menos que a abertura de uma conta seja facultativa, bem como os encargos relativos à utilização de meios que permitam ao mesmo tempo operações de pagamento e levantamentos de crédito, quaisquer outros encargos decorrentes do contrato de crédito e as condições em que esses encargos podem ser alterados;

j) Se for caso disso, os custos a pagar pelo consumidor a um notário na celebração do contrato de crédito;

k) A eventual obrigação de celebrar um contrato de serviço acessório ao contrato de crédito, nomeadamente uma apólice de seguro, se a celebração de tal contrato for obrigatória para a obtenção do crédito ou para a obtenção do crédito nos termos e condições de mercado;

l) A taxa de juros de mora, bem como as regras para a respectiva adaptação e, se for caso disso, os custos devidos em caso de incumprimento;

m) Uma advertência relativa às consequências da falta de pagamento;

n) Se for caso disso, as garantias exigidas;

o) Existência ou inexistência do direito de retractação;

Directiva 2008/48/CE do Parlamento Europeu e do Conselho   165

p) O direito de reembolso antecipado e, se for caso disso, informações sobre o direito do mutuante a uma indemnização e a forma de determinar essa indemnização, nos termos do artigo 16.º;

q) O direito de o consumidor ser informado imediata e gratuitamente, nos termos do n.º 2 do artigo 9.º, do resultado da consulta de uma base de dados para verificação da sua solvabilidade;

r) O direito de o consumidor obter, mediante pedido e gratuitamente, uma cópia do projecto de contrato de crédito. Esta disposição não é aplicável se, no momento em que é feito o pedido, o mutuante não estiver disposto a proceder à celebração do contrato de crédito com o consumidor; e

s) Se for caso disso, o período durante o qual o mutuante se encontra vinculado pelas informações pré-contratuais. Todas as informações adicionais que o mutuante queira prestar ao consumidor devem ser dadas num documento separado, que pode ser junto ao formulário sobre «Informação Normalizada Europeia em matéria de Crédito aos Consumidores».

2. No entanto, no caso das comunicações por telefonia vocal previstas no n.º 3 do artigo 3.º da Directiva 2002/65/CE, a descrição das principais características do serviço financeiro a fornecer nos termos da alínea b) do n.º 3 do artigo 3.º dessa directiva deve incluir, pelo menos, os elementos referidos nas alíneas c), d), e), f) e h) do n.º 1 do presente artigo, bem como a taxa anual de encargos efectiva global ilustrada através de um exemplo representativo e o custo total do crédito imputável ao consumidor.

3. Se o contrato tiver sido celebrado, a pedido do consumidor, por intermédio de um meio de comunicação à distância que não permita o fornecimento das informações nos termos do n.º 1, nomeadamente no caso referido no n.º 2, o mutuante deve facultar ao consumidor, na íntegra, as informações pré-contratuais por intermédio do formulário da «Informação Normalizada Europeia em matéria de Crédito aos Consumidores» na íntegra, imediatamente após a celebração do contrato de crédito.

4. Mediante pedido, deve ser fornecida gratuitamente ao consumidor, para além da «Informação Normalizada Europeia em matéria de Crédito aos Consumidores», uma cópia do projecto de contrato de crédito. Esta disposição não é aplicável se, no momento em que é feito o pedido, o mutuante não estiver disposto a proceder à celebração do contrato de crédito com o consumidor.

5. No caso de um contrato de crédito no qual os pagamentos efectuados pelo consumidor não constituam uma amortização correspondente imediata do montante total do crédito, mas sejam utilizados para reconstituir o capital nos períodos e nas condições previstas no contrato de crédito ou num contrato adicional, as informações pré-contratuais previstas no n.º 1 devem incluir uma declaração clara e concisa de que não é exigida uma garantia por parte de terceiros no âmbito do contrato de crédito para assegurar o reembolso do montante

166 *Crédito aos Consumidores*

total do crédito levantado ao abrigo desse contrato de crédito, salvo se tal garantia for dada.

6. Os Estados-Membros devem garantir que os mutuantes e, se for caso disso, os intermediários de crédito forneçam explicações adequadas ao consumidor, de modo a colocá-lo numa posição que lhe permita avaliar se o contrato de crédito proposto se adapta às suas necessidades e situação financeira, eventualmente fornecendo as informações pré-contratuais previstas no n.º 1, explicando as características essenciais dos produtos propostos e os efeitos específicos que possam ter para o consumidor, incluindo as consequências da falta de pagamento pelo consumidor. Os Estados-Membros podem adaptar a forma e a extensão em que esta assistência é prestada, bem como identificar quem a presta, às circunstâncias específicas da situação na qual se propõe o contrato de crédito, a quem é proposto e ao tipo de crédito oferecido.

ARTIGO 6.º
**(Informações pré-contratuais a fornecer em determinados
contratos de crédito sob a forma de facilidades de descoberto
e em determinados contratos de crédito específicos)**

1. Em tempo útil, antes de o consumidor se encontrar obrigado por um contrato de crédito ou uma proposta referente a um contrato de crédito referidos nos n.os 3, 5 ou 6 do artigo 2.º, o mutuante e, se for caso disso, o intermediário de crédito devem, com base nos termos e nas condições do crédito oferecidas pelo mutuante e, se for caso disso, nas preferências expressas pelo consumidor e nas informações por este fornecidas, dar ao consumidor as informações necessárias para comparar diferentes ofertas, a fim de tomar uma decisão com conhecimento de causa quanto à celebração de um contrato de crédito.

As informações em causa devem especificar:

a) O tipo de crédito;

b) A identificação e o endereço geográfico do mutuante, bem como, se for caso disso, a identificação e o endereço geográfico do intermediário de crédito envolvido;

c) O montante total do crédito;

d) A duração do contrato de crédito;

e) A taxa devedora; as condições aplicáveis à taxa devedora, quaisquer índices ou taxa de referência relativos à taxa devedora inicial, os encargos aplicáveis a partir da celebração do contrato de crédito, bem como, se for caso disso, as condições em que estes podem ser alterados;

f) A taxa anual de encargos efectiva global, ilustrada através de exemplos representativos que mencionem todos os pressupostos utilizados no cálculo desta taxa;

Directiva 2008/48/CE do Parlamento Europeu e do Conselho   167

g) As condições e modalidades de resolução do contrato de crédito;

h) A indicação, no que se refere aos contratos de crédito nos termos do n.° 3 do artigo 2.°, se for caso disso, de que, a pedido, pode ser exigido ao consumidor em qualquer momento o reembolso integral do montante do crédito;

i) A taxa dos juros de mora, bem como as regras para a respectiva adaptação e, se for caso disso, os custos devidos em caso de incumprimento;

j) O direito de o consumidor ser informado imediata e gratuitamente, nos termos do n.° 2 do artigo 9.°, do resultado da consulta de uma base de dados para verificação da sua solvabilidade;

k) No caso de contratos de crédito do tipo referido no n.° 3 do artigo 2.°, indicação dos encargos aplicáveis a partir da celebração de tais contratos de crédito e, se for caso disso, as condições em que estes podem ser alterados;

l) Se for caso disso, o período durante o qual o mutuante se encontra vinculado pelas informações pré-contratuais. Essas informações devem ser fornecidas em papel ou noutro suporte duradouro e todas devem ser igualmente visíveis. Podem ser prestadas através do formulário sobre «Informação Normalizada Europeia em matéria de Crédito aos Consumidores» constante do anexo III. Considera-se que o mutuante cumpriu os requisitos de informação previstos no presente número e nos n.os 1 e 2 do artigo 3.° da Directiva 2002/65/CE se tiver fornecido a «Informação Normalizada Europeia em matéria de Crédito aos Consumidores».

2. No caso dos contratos de crédito do tipo referido no n.° 3 do artigo 2.°, os Estados-Membros podem determinar que a taxa anual de encargos efectiva global não precisa de ser indicada;

3. No caso de contratos de crédito referidos nos n.os 5 e 6 do artigo 2.°, as informações fornecidas ao consumidor nos termos do n.° 1 do presente artigo devem incluir ainda:

a) O montante, o número e a periodicidade dos pagamentos a efectuar pelo consumidor e, se for caso disso, a ordem pela qual os pagamentos devem ser imputados aos diferentes saldos devedores a que se aplicam taxas devedoras diferenciadas para efeitos de reembolso; e

b) O direito de reembolso antecipado e, se for caso disso, informações sobre o direito do mutuante a uma indemnização e a forma de determinar essa indemnização No entanto, se o contrato de crédito for abrangido pelo n.° 3 do artigo 2.°, aplica-se apenas o disposto no n.° 1 do presente artigo.

4. Todavia, no caso das comunicações por telefonia vocal e se o consumir solicitar que a facilidade de descoberto seja disponibilizada com efeitos imediatos, a descrição das principais características do serviço financeiro deve incluir pelos menos os elementos referidos nas alíneas c), e), f), e h) do n.° 1. Além disso, no caso dos contratos de crédito do tipo referido no n.° 3, a descrição das principais características deve incluir a especificação da duração do contrato de crédito.

5. Não obstante a exclusão prevista na alínea e) do n.° 2 do artigo 2.°, os Estados-Membros devem aplicar pelo menos os requisitos a que se refere o primeiro período do n.° 4 do presente artigo aos contratos de crédito sob a forma de facilidades de descoberto cujo crédito deva ser reembolsado no prazo de um mês.

6. Mediante pedido, deve ser fornecida gratuitamente ao consumidor, para além das informações referidas nos n.ᵒˢ 1 a 4, uma cópia do projecto de contrato de crédito que inclua as informações contratuais estabelecidas no artigo 10.°, na medida em que esse artigo seja aplicável. Esta disposição não é aplicável se, no momento em que é feito o pedido, o mutuante não estiver disposto a proceder à celebração do contrato de crédito com o consumidor.

7. Se o contrato tiver sido celebrado, a pedido do consumidor, por intermédio de um meio de comunicação à distância que não permita o fornecimento das informações nos termos dos n.ᵒˢ 1 e 3, nomeadamente nos casos referidos no n.° 4, o mutuante deve, imediatamente após a celebração do contrato de crédito, cumprir as suas obrigações ao abrigo dos n.ᵒˢ 1 e 3 facultando as informações contratuais nos termos do artigo 10.° na medida em que esse artigo seja aplicável.

ARTIGO 7.°
(Isenções dos requisitos de informação pré-contratual)

Os artigos 5.° e 6.° não são aplicáveis aos fornecedores ou prestadores de serviços que intervenham a título acessório como intermediários de crédito. Esta disposição não prejudica a obrigação do mutuante de assegurar que o consumidor receba as informações pré-contratuais referidas nesses artigos.

ARTIGO 8.°
(Obrigação de avaliar a solvabilidade do consumidor)

1. Os Estados-Membros devem assegurar que, antes da celebração do contrato de crédito, o mutuante avalie a solvabilidade do consumidor com base em informações suficientes, se for caso disso obtidas do consumidor e, se necessário, com base na consulta da base de dados relevante. Os Estados-Membros cuja legislação exija que os mutuantes avaliem a solvabilidade dos consumidores com base numa consulta da base de dados relevante podem reter esta disposição.

2. Os Estados-Membros devem assegurar que, se as partes decidirem alterar o montante total do crédito após a celebração do contrato, o mutuante actualize a informação financeira de que dispõe relativamente ao consumidor e avalie a solvabilidade deste antes de qualquer aumento significativo do montante total do crédito.

CAPÍTULO III
Acesso a bases de dados

ARTIGO 9.°
(Acesso a bases de dados)

1. Cada Estado-Membro deve assegurar o acesso de mutuantes de outros Estados-Membros às bases de dados utilizadas no seu território para avaliar a solvabilidade dos consumidores. As condições de acesso devem ser não discriminatórias.

2. Se o pedido de crédito for rejeitado com base na consulta de uma base de dados, o mutuante deve informar o consumidor imediata e gratuitamente do resultado dessa consulta e dos elementos da base de dados consultada.

3. A informação referida nos números anteriores deve ser fornecida, salvo se a prestação destas informações for proibida por outras disposições da legislação comunitária ou for contrária a objectivos de ordem pública ou de segurança pública.

4. Este artigo aplica-se sem prejuízo da Directiva 95/46/CE do Parlamento Europeu e do Conselho, de 24 de Outubro de 1995, relativa à protecção das pessoas singulares no que diz respeito ao tratamento de dados pessoais e à livre circulação desses dados[10].

CAPÍTULO IV
Informação e direitos relativos aos contratos de crédito

ARTIGO 10.°
(Informação a mencionar nos contratos de crédito)

1. Os contratos de crédito são estabelecidos em papel ou noutro suporte duradouro. Todas as partes contratantes devem receber um exemplar do contrato de crédito. O presente artigo não prejudica as normas nacionais relativas à validade da celebração dos contratos, que sejam conformes com o direito comunitário.

2. O contrato de crédito deve especificar de forma clara e concisa:

a) O tipo de crédito;

---

[10] JO L 281 de 23.11.1995, p. 31. Directiva com a última redacção que lhe foi dada pelo Regulamento (CE) n.° 1882/2003 (JO L 284 de 31.10.2003, p. 1).

b) A identificação e o endereço geográfico das partes contratantes, bem como, se aplicável, a identificação e o endereço geográfico do intermediário de crédito envolvido;

c) A duração do contrato de crédito;

d) O montante total do crédito e as condições de levantamento;

e) No caso de um crédito sob a forma de pagamento diferido para um bem ou serviço específicos ou dos contratos de crédito ligados, o bem ou serviço em causa, bem como o respectivo preço a pronto;

f) A taxa devedora, as condições aplicáveis a esta taxa e, quando disponíveis, quaisquer índices ou taxas de referência relativos à taxa devedora inicial, bem como os períodos, condições e procedimentos de alteração da taxa devedora; em caso de aplicação de diferentes taxas devedoras em função das circunstâncias, as informações acima referidas sobre todas as taxas aplicáveis;

g) A taxa anual de encargos efectiva global e o montante total imputado ao consumidor, calculados no momento da celebração do contrato de crédito; devem ser mencionados todos os pressupostos utilizados para calcular esta taxa;

h) O montante, o número e a periodicidade dos pagamentos a efectuar pelo consumidor e, se for caso disso, a ordem pela qual os pagamentos devem ser imputados aos diferentes saldos devedores a que se aplicam taxas devedoras diferenciadas para efeitos de reembolso;

i) No caso de amortização do capital de um contrato de crédito com duração fixa, o direito do consumidor receber, a pedido e sem qualquer encargo, em qualquer momento durante a vigência completa do contrato de crédito, um extracto, sob a forma de um quadro de amortização. O quadro de amortização deve indicar os pagamentos devidos, bem como as datas de vencimento e condições de pagamento dos montantes; o quadro deve incluir a composição de cada reembolso periódico em capital amortizado, os juros calculados com base na taxa devedora e, se for caso disso, os custos adicionais; se a taxa de juros não for fixa ou se os custos adicionais puderem ser alterados nos termos do contrato de crédito, o quadro de amortização deve incluir uma indicar de forma clara e concisa de que os dados constantes do quadro apenas são válidos até à alteração seguinte da taxa devedora ou dos custos adicionais nos termos do contrato de crédito;

j) Se houver lugar ao pagamento de despesas e juros sem amortização do capital, um extracto dos períodos e das condições de pagamento dos juros devedores e dos despesas recorrentes e não recorrentes associados;

k) Se for caso disso, os encargos relativos à manutenção de uma ou mais contas para registar simultaneamente operações de pagamento e levantamentos de crédito, a menos que a abertura de uma conta seja facultativa, bem como os encargos relativos à utilização de meios que permitam ao mesmo tempo operações de pagamento e levantamentos de crédito, e quaisquer outros encargos decorrentes do contrato de crédito e às condições em que esses encargos podem ser alterados;

Directiva 2008/48/CE do Parlamento Europeu e do Conselho   171

l) A taxa de juros de mora aplicável à data da celebração do contrato de crédito, bem como as regras para a respectiva adaptação e, se for caso disso, os custos devidos em caso de incumprimento;

m) Uma advertência relativa às consequências da falta de pagamento;

n) Se for caso disso, a menção de que os custos notariais deverão ser pagos;

o) As eventuais garantias e os eventuais seguros exigidos;

p) A existência ou inexistência do direito de retractação, o prazo e o procedimento previstos para o seu exercício e outras condições para o seu exercício, incluindo informações sobre a obrigação do consumidor de pagar o capital levantado e os juros, de acordo com a alínea b) do n.º 3 do artigo 14.º, bem como o montante dos juros diários;

q) Informações relativas aos direitos decorrentes do artigo 15.º, bem como às condições de exercício desses direitos;

r) O direito de reembolso antecipado, o procedimento a seguir em caso de reembolso antecipado e, se for caso disso, informações sobre o direito do mutuante a uma indemnização e a forma de determinar essa indemnização;

s) O procedimento a seguir para exercer o direito de resolução do contrato de crédito;

t) A existência ou inexistência de processos extrajudiciais de reclamação e de recurso acessíveis ao consumidor e, quando existam, o respectivo modo de acesso;

u) Se for caso disso, outros termos e condições contratuais;

v) Se for caso disso, o nome e endereço da autoridade de supervisão competente.

3. Caso a alínea i) do n.º 2 do presente artigo seja aplicável, o mutuante disponibiliza ao consumidor, em qualquer momento durante a vigência completa do contrato de crédito e sem qualquer encargo, um extracto, sob a forma de um quadro de amortização.

4. No caso de contratos de crédito nos quais os pagamentos efectuados pelo consumidor não dêem lugar imediatamente a uma amortização correspondente do montante total do crédito, mas sirvam para reconstituir o capital nos períodos e nas condições previstas pelo contrato de crédito ou por um contrato adicional, as informações exigidas nos termos do n.º 2 incluem uma declaração clara e concisa de que não é exigida uma garantia por parte de terceiros no âmbito do contrato de crédito para assegurar o reembolso do montante total do crédito levantado ao abrigo desse contrato de crédito, salvo se tal garantia for dada.

5. Os contratos de crédito sob a forma de facilidades de descoberto do tipo referido no n.º 3 do artigo 2.º devem especificar de forma clara e concisa:

a) O tipo de crédito;

b) A identificação e o endereço geográfico das partes contratantes, bem como, se aplicável, a identificação e o endereço geográfico do intermediário de crédito envolvido;

c) A duração do contrato de crédito;

d) O montante total do crédito e as condições de levantamento;

e) A taxa devedora, as condições aplicáveis a esta taxa e, quando disponíveis, quaisquer índices ou taxas de referência relativos à taxa devedora inicial, bem como os períodos, condições e procedimentos de alteração da taxa devedora; em caso de aplicação de diferentes taxas devedoras em função das circunstâncias, as informações acima referidas sobre todas as taxas aplicáveis;

f) A taxa anual de encargos efectiva global e o montante total do crédito ao consumidor, calculados no momento da celebração do contrato de crédito; devem ser mencionados todos os pressupostos utilizados para calcular esta taxa nos termos do n.º 2 do artigo 19.º em articulação com as alíneas g) e i) do artigo 3.º; os Estados-Membros podem determinar que a taxa anual de encargos efectiva global não precisa de ser indicada;

g) A indicação de que, a pedido, pode ser exigido ao consumidor em qualquer momento o reembolso integral do montante do crédito;

h) O procedimento a seguir para exercer o direito de retractação do contrato de crédito; e

i) Informações sobre os encargos aplicáveis a partir da celebração do contrato de crédito e, se for caso disso, as condições em que estes podem ser alterados;

ARTIGO 11.º
(Informação sobre a taxa devedora)

1. Se for caso disso, o consumidor deve ser informado de quaisquer alterações da taxa devedora, em papel ou noutro suporte duradouro, antes da entrada em vigor dessas alterações. A informação deve incluir o montante dos pagamentos a efectuar após a entrada em vigor da nova taxa devedora e, se o número ou a frequência dos pagamentos forem alterados, detalhes sobre essas alterações.

2. Todavia, as partes podem acordar no contrato de crédito em que a informação referida no n.º 1 seja prestada periodicamente ao consumidor se a alteração da taxa devedora resultar da alteração de uma taxa de referência e a nova taxa de referência for publicada pelos meios adequados e a informação sobre a nova taxa de referência estiver igualmente acessível nas instalações do mutuante.

ARTIGO 12.º
**(Obrigações no âmbito dos contratos de crédito
sob a forma de facilidade de descoberto)**

1. Quando um contrato de crédito for celebrado sob a forma de facilidade de descoberto, o consumidor deve ser periodicamente informado através de um

Directive 2008/48/CE do Parlamento Europeu e do Conselho

extracto de conta, em papel ou noutro suporte duradouro, que inclua as informações seguintes:

a) O período exacto a que se refere o extracto de conta;

b) Os montantes levantados e a data dos levantamentos;

c) O saldo do extracto anterior e a respectiva data;

d) O novo saldo;

e) A data e o montante dos pagamentos efectuados pelo consumidor;

f) A taxa devedora aplicada;

g) Quaisquer encargos que tenham sido aplicados;

h) Se for caso disso, o montante mínimo a pagar.

2. Além disso, o consumidor deve ser informado, em papel ou noutro suporte duradouro, das alterações da taxa devedora ou de quaisquer encargos a pagar antes da entrada em vigor dessas alterações. Todavia, as partes podem acordar no contrato de crédito em que a informação sobre as alterações da taxa devedora seja prestada segundo a modalidade prevista no n.º 1 se a alteração da taxa devedora resultar de uma alteração de uma taxa de referência e a nova taxa de referência for publicada pelos meios adequados e se a informação sobre a nova taxa de referência estiver igualmente acessível nas instalações do mutuante.

ARTIGO 13.º
(Contratos de crédito por período indeterminado)

1. O consumidor pode proceder, pela forma habitual, à resolução do contrato de crédito por período indeterminado em qualquer momento e gratuitamente, a menos que as partes tenham estipulado um prazo de aviso prévio. Este prazo não pode exceder um mês.

Se tal for estipulado no contrato de crédito, o mutuante pode proceder, pela forma habitual, à resolução do contrato de crédito por período indeterminado mediante um pré-aviso de dois meses fixado em papel ou noutro suporte duradouro.

2. Se tal for estipulado no contrato de crédito, o mutuante pode, por razões objectivamente justificadas, fazer cessar o direito do consumidor de efectuar levantamentos com base no contrato de crédito por período indeterminado. O mutuante deve informar o consumidor da decisão de fazer cessar o direito e das respectivas razões, em papel ou noutro suporte duradouro, sempre que possível antes da cessação do direito e o mais tardar imediatamente a seguir, salvo se a prestação destas informações for proibida por outras disposições de legislação comunitária ou for contrária a objectivos de ordem pública ou de segurança pública

ARTIGO 14.º
(Direito de retractação)

1. O consumidor dispõe de um prazo de 14 dias de calendário para exercer o direito de retractação do contrato de crédito sem indicar qualquer motivo. O prazo para o exercício do direito de retractação começa a correr:

a) A contar da data da celebração do contrato de crédito; ou

b) A contar da data de recepção, pelo consumidor, dos termos do contrato e das informações a que se refere o artigo 10.º, se essa data for posterior à data referida na alínea a) do presente parágrafo.

2. No caso de um contrato de crédito ligado, na acepção da alínea n) do artigo 3.º, se a legislação nacional já previr, na data da entrada em vigor da presente directiva, que os fundos não podem ser disponibilizados ao consumidor antes do decurso de um determinado período, os Estados-Membros podem prever excepcionalmente que o período referido no n.º 1 do presente artigo possa ser reduzido a esse período determinado a pedido expresso do consumidor.

3. Se exercer o seu direito de retractação, o consumidor deve:

a) Para que a retractação produza efeitos antes do termo do prazo estabelecido no n.º 1, comunicar o facto ao mutuante de acordo com a informação que este lhe forneceu nos termos da alínea p) do n.º 2 do artigo 10.º, utilizando um meio com força de prova de acordo com o direito nacional. Considera-se que o prazo foi respeitado se a comunicação for enviada antes do termo do prazo, desde que tenha sido efectuada em papel ou noutro suporte duradouro à disposição do mutuante e ao qual este possa aceder; e

b) Pagar ao mutuante o capital e os juros vencidos sobre este capital a contar da data de levantamento do crédito até à data de pagamento do capital, sem atrasos indevidos e no prazo de 30 dias de calendário após ter enviado a comunicação de retractação ao mutuante. Os juros são calculados com base na taxa devedora estipulada. O mutuante não tem direito a qualquer outra indemnização por parte do consumidor em caso de retractação, com excepção da indemnização de eventuais despesas não reembolsáveis pagas pelo mutuante a qualquer órgão da administração pública.

4. Se o mutuante ou um terceiro prestar um serviço acessório relacionado com o contrato de crédito com base num contrato entre esse terceiro e o mutuante, o consumidor deixa de estar vinculado ao contrato relativo ao serviço acessório no caso de exercer o seu direito de retractação do contrato de crédito de acordo com o presente artigo.

5. Se o consumidor tiver o direito de retractação nos termos dos n.os 1, 3 e 4, não são aplicáveis os artigos 6.º e 7.º da Directiva 2002/65/CE, nem o artigo 5.º da Directiva 85/577/CEE do Conselho, de 20 de Dezembro de 1985, relativa

Directiva 2008/48/CE do Parlamento Europeu e do Conselho 175

à protecção dos consumidores no caso de contratos negociados fora dos estabelecimentos comerciais[11].

6. Os Estados-Membros podem determinar que os n.ºs 1 a 4 do presente artigo não se aplicam aos contratos de crédito que por lei devam ser celebrados por intermédio de um notário, desde que o notário confirme que o consumidor goza dos direitos previstos nos artigos 5.° e 10.°

7. O presente artigo não prejudica qualquer disposição de direito interno que preveja um prazo durante o qual a execução do contrato não pode ter início.

ARTIGO 15.°
(Contratos de crédito ligados)

1. Caso tenha exercido um direito de retractação com base na legislação comunitária referente a um contrato de fornecimento de bens ou de prestação de serviços, o consumidor deixa de estar vinculado por um contrato de crédito ligado.

2. Caso os bens ou serviços abrangidos por um contrato de crédito ligado não sejam fornecidos ou prestados, ou apenas o sejam parcialmente, ou não estejam em conformidade com o respectivo contrato, o consumidor tem o direito de interpelar o mutuante se tiver interpelado o fornecedor mas não tiver obtido a reparação que lhe é devida nos termos da lei ou do contrato de fornecimento de bens ou de prestação de serviços. Os Estados-Membros determinam em que medida e em que condições pode ser exercido este direito.

3. O presente artigo não prejudica a aplicação de eventuais regras nacionais que tornem um mutuante solidariamente responsável por toda e qualquer reclamação que o consumidor possa ter contra o fornecedor, caso a compra de bens ou serviços ao fornecedor tenha sido financiada por um contrato de crédito.

ARTIGO 16.°
(Reembolso antecipado)

1. É garantida ao consumidor a possibilidade de, em qualquer momento, cumprir, integral ou parcialmente, as suas obrigações no âmbito de um contrato de crédito. Nestes casos, o consumidor tem direito a uma redução do custo total do crédito consistindo essa redução nos juros e nos custos do período remanescente do contrato.

2. Em caso de reembolso antecipado do crédito, o mutuante tem direito a uma indemnização justa e justificada objectivamente por eventuais custos direc-

---

[11] JO L 372 de 31.12.1985, p. 31.

tamente relacionados com o reembolso antecipado do crédito, desde que o reembolso antecipado ocorra num período em que a taxa devedora aplicável seja fixa. Essa indemnização não pode exceder 1% do montante do crédito reembolsado antecipadamente, se o período decorrido entre o reembolso antecipado e a data estipulada para a resolução do contrato de crédito for superior a um ano. Se esse período não exceder um ano, a indemnização não pode ser superior a 0,5% do montante do crédito reembolsado antecipadamente.

3. Não pode ser pedida qualquer indemnização por reembolso antecipado:

a) Se o reembolso tiver sido efectuado no cumprimento de um contrato de seguro destinado a garantir o reembolso do crédito; ou

b) No caso de facilidades de descoberto; ou

c) Se o reembolso ocorrer num período em que a taxa devedora aplicável não seja fixa.

4. Os Estados-Membros podem dispor que:

a) A referida indemnização só pode ser pedida pelo mutuante na condição de o montante do reembolso antecipado exceder o limiar definido na lei nacional. Esse limiar não deve ser superior a 10 000 EUR num período de 12 meses;

b) O mutuante pode excepcionalmente pedir uma indemnização superior se puder provar que a perda que sofreu por causa do reembolso antecipado excede o montante determinado nos termos do n.° 2. Se a indemnização pedida pelo mutuante exceder a perda de facto sofrida, o consumidor pode pedir uma redução correspondente. Neste caso, a perda consiste na diferença entre a taxa de juros acordada inicialmente e a taxa de juros à qual o mutuante pode emprestar o montante reembolsado antecipadamente à data do reembolso antecipado e tem em conta o impacto do pagamento antecipado sobre os custos administrativos.

5. A indemnização não deve exceder o montante dos juros que o consumidor teria pago durante o período decorrido entre o reembolso antecipado e a data estipulada para a resolução do contrato de crédito.

ARTIGO 17.°
(Cessão dos direitos)

1. Caso os direitos do mutuante ao abrigo de um contrato de crédito ou o próprio contrato sejam cedidos a um terceiro, o consumidor pode exercer em relação ao cessionário qualquer meio de defesa que pudesse invocar perante o mutuante inicial, incluindo o direito à indemnização, desde que esta seja autorizada no Estado-Membro em causa.

2. O consumidor deve ser informado da cessão referida no n.° 1, a menos que o mutuante inicial, de comum acordo com o novo titular do crédito, continue a assegurar o serviço do crédito perante o consumidor.

Directiva 2008/48/CE do Parlamento Europeu e do Conselho 177

ARTIGO 18.º
(Ultrapassagem de crédito)

1. No caso de um contrato para abertura de conta corrente que preveja a possibilidade de o consumidor ser autorizado a uma ultrapassagem de crédito, o contrato deve incluir também as informações referidas na alínea e) do n.º 1 do artigo 6.º. O mutuante deve, em qualquer caso, prestar essas informações regularmente, em papel ou noutro suporte duradouro.

2. Em caso de ultrapassagem de crédito significativa que se prolongue por um período superior a um mês, o mutuante informa sem demora o consumidor, em papel ou noutro suporte duradouro:

a) Da ultrapassagem de crédito;

b) Do montante em causa;

c) Da taxa devedora aplicável;

d) De eventuais sanções, encargos ou juros de mora aplicáveis.

3. O presente artigo não prejudica a aplicação de qualquer disposição de direito interno que exija ao mutuante que proponha outro tipo de produto de crédito quando a duração da ultrapassagem de crédito for significativa.

CAPÍTULO V
Taxa anual de encargos efectiva global

ARTIGO 19.º
(Cálculo da taxa anual de encargos efectiva global)

1. A taxa anual de encargos efectiva global, que torna equivalentes, numa base anual, os valores actuais do conjunto dos compromissos (levantamentos de crédito, reembolsos e encargos) existentes ou futuros, acordados pelo mutuante e pelo consumidor é calculada de acordo com a fórmula matemática constante da parte I do anexo I.

2. A fim de calcular a taxa anual de encargos efectiva global, determina-se o custo total do crédito para o consumidor, com excepção de quaisquer encargos a suportar pelo consumidor devido ao incumprimento de qualquer uma das suas obrigações decorrentes do contrato de crédito e dos encargos que não se incluam no preço de compra e venda e que, na compra de bens ou de serviços, o consumidor for obrigado a suportar, quer a transacção se efectue a pronto quer a crédito. Os custos relativos à manutenção de uma conta que registe simultaneamente operações de pagamento e levantamentos de crédito, os custos relativos à utilização ou ao funcionamento de um meio de pagamento que permita ao mesmo tempo operações de pagamento e levantamentos de crédito, bem como outros custos relativos às operações de pagamento, são incluídos no custo total do crédito para

178   *Crédito aos Consumidores*

o consumidor, excepto se a abertura da conta for facultativa e os custos da conta tiverem sido determinados de maneira clara e de forma separada no contrato de crédito ou em qualquer outro contrato celebrado com o consumidor.

3. O cálculo da taxa anual de encargos efectiva global é efectuado com base no pressuposto de que o contrato de crédito continua a ser válido durante o prazo acordado e de que o mutuante e o consumidor cumprem as respectivas obrigações nas condições e datas especificadas no contrato de crédito.

4. Para os contratos de crédito com cláusulas que permitam alterações da taxa devedora e, se for caso disso, das despesas incluídas na taxa anual de encargos efectiva global, mas não quantificáveis no momento do cálculo, a taxa anual de encargos efectiva global é determinada com base no pressuposto de que a taxa devedora e outros encargos são fixos em relação ao nível inicial e aplicáveis até ao termo do contrato de crédito.

5. Sempre que necessário, podem ser utilizados os pressupostos adicionais enumerados no anexo I para o cálculo da taxa anual de encargos efectiva global. Se os pressupostos enumerados no presente artigo e na parte II do anexo I não forem suficientes para calcular de modo uniforme a taxa anual de encargos efectiva global ou já não estejam adaptados à situação comercial do mercado, a Comissão pode determinar os pressupostos adicionais para o cálculo da taxa anual de encargos efectiva global ou alterar os existentes. Essas medidas, que têm por objecto alterar elementos não essenciais da presente directiva, são aprovadas pelo procedimento de regulamentação com controlo a que se refere o n.° 2 do artigo 25.°.

CAPÍTULO VI
Mutuantes e intermediários de crédito

ARTIGO 20.°
(Regulamentação relativa aos mutuantes)

Os Estados-Membros devem garantir que as actividades dos mutuantes sejam objecto de supervisão por um organismo ou por uma autoridade independente das instituições financeiras, ou de regulação. Tal não prejudica o disposto na Directiva 2006/48/CE.

ARTIGO 21.°
(Certas obrigações dos intermediários de crédito
perante os consumidores)

Os Estados-Membros devem assegurar que:

a) Um intermediário de crédito indica, tanto na publicidade como nos documentos destinados aos consumidores, o alcance dos seus poderes, nomeada-

Directive 2008/48/CE do Parlamento Europeu e do Conselho   179

mente o facto de trabalhar de forma exclusiva com um ou mais mutuantes ou na qualidade de corretor independente;

b) A eventual taxa a pagar pelo consumidor ao intermediário de crédito pelos seus serviços é comunicada ao consumidor e acordada entre o consumidor e o intermediário de crédito em papel ou noutro suporte duradouro antes da celebração do contrato de crédito;

c) A eventual taxa a pagar pelo consumidor ao intermediário de crédito pelos seus serviços é comunicada ao mutuante pelo intermediário de crédito com o objectivo de calcular a taxa anual de encargos efectiva global.

CAPÍTULO VII
Medidas de execução

ARTIGO 22.º
(Harmonização e carácter imperativo da presente directiva)

1. Na medida em que a presente directiva prevê disposições harmonizadas, os Estados-Membros não podem manter ou introduzir no respectivo direito interno disposições divergentes daquelas que vêm previstas na presente directiva para além das nela estabelecidas.

2. Os Estados-Membros devem assegurar que o consumidor não possa renunciar aos direitos que lhe são conferidos por força das disposições da legislação nacional que dão cumprimento ou correspondem à presente directiva.

3. Os Estados-Membros devem assegurar, além disso, que as disposições que venham a aprovar para dar cumprimento à presente directiva não possam ser contornadas em resultado da redacção dos contratos, em especial integrando levantamentos ou contratos de crédito sujeitos ao âmbito de aplicação da presente directiva em contratos de crédito cujo carácter ou objectivo permitiria evitar a aplicação desta.

4. Os Estados-Membros devem tomar as medidas necessárias para assegurar que o consumidor não seja privado da protecção concedida pela presente directiva pelo facto de ter sido escolhido o direito de um país terceiro como direito aplicável ao contrato de crédito, desde que este contrato apresente uma relação estreita com o território de um ou mais Estados-Membros.

ARTIGO 23.º
(Sanções)

Os Estados-Membros devem determinar o regime das sanções aplicáveis à violação das disposições nacionais aprovadas em aplicação da presente directiva e tomar todas as medidas necessárias para assegurar a aplicação das referidas dis-

180 *Crédito aos Consumidores*

posições. As sanções assim previstas devem ser efectivas, proporcionadas e dissuasivas.

ARTIGO 24.°
(Resolução extrajudicial de litígios)

1. Os Estados-Membros devem assegurar a instauração de procedimentos extrajudiciais adequados e eficazes de resolução dos litígios de consumo relacionados com contratos de crédito, recorrendo, se necessário, a organismos existentes.

2. Os Estados-Membros devem incentivar os referidos organismos a cooperarem no sentido de também poderem resolver litígios transfronteiriços relacionados com contratos de crédito.

ARTIGO 25.°
(Procedimento de comité)

1. A Comissão é assistida por um Comité.

2. Sempre que se faça referência ao presente número, são aplicáveis os n.ºs 1 a 4 do artigo 5.°-A e o artigo 7.° da Decisão 1999/468/CE, tendo-se em conta o disposto no seu artigo 8.°

ARTIGO 26.°
(Informação a prestar à Comissão)

Caso um Estado-Membro faça uso das opções regulamentares a que se referem os n.ºs 5 e 6 do artigo 2.°, o n.° 1 e a alínea c) do n.° 2 do artigo 4.°, o n.° 2 do artigo 6.°, o n.° 1 e a alínea g) do n.° 2 do artigo 10.°, o n.° 2 do artigo 14.° e o n.° 4 do artigo 16.°, deve informar a Comissão desse facto, bem como de eventuais alterações posteriores. A Comissão deve tornar pública essa informação num sítio *web* ou segundo outra modalidade de fácil acesso. Os Estados-Membros devem tomar as medidas adequadas para divulgar esta informação junto dos mutuantes e consumidores nacionais.

ARTIGO 27.°
(Transposição)

1. Antes de 12 de Maio de 2010, os Estados-Membros devem aprovar e publicar as disposições necessárias para dar cumprimento à presente directiva e informar imediatamente a Comissão desse facto. Devem aplicar estas disposições a partir de 12 de Maio de 2010. Quando os Estados-Membros aprovarem essas disposições, estas devem incluir uma referência à presente directiva ou ser acom-

Directiva 2008/48/CE do Parlamento Europeu e do Conselho 181

panhadas dessa referência aquando da sua publicação oficial. As modalidades desta referência serão aprovadas pelos Estados-Membros.

2. A Comissão procede quinquenalmente à revisão dos limiares previstos na presente directiva e nos seus anexos e das percentagens utilizadas para calcular a indemnização a pagar em caso de reembolso antecipado, ocorrendo a primeira revisão até 12 de Maio de 2013, com o objectivo de avaliar os referidos limiares e percentagem à luz da evolução económica na Comunidade e da situação do mercado em questão. A Comissão acompanha igualmente as incidências da existência das opções regulamentares a que se referem os n.ᵒˢ 5 e 6 do artigo 2.º, o n.º 1 e a alínea c) do n.º 2 do artigo 4.º, o n.º 2 do artigo 6.º, o n.º 1 e a alínea g) do n.º 2 do artigo 10.º, o n.º 2 do artigo 14.º e o n.º 4 do artigo 16.º sobre o mercado interno e os consumidores. Os resultados são transmitidos ao Parlamento Europeu e ao Conselho, acompanhados, se for caso disso, da correspondente proposta de alteração dos limiares e das percentagens, bem como das opções regulamentares acima referidas.

ARTIGO 28.º
**(Conversão em moeda nacional dos montantes
expressos em euros)**

1. Para efeitos da presente directiva, os Estados-Membros que converterem em moeda nacional os montantes expressos em euros devem utilizar inicialmente para o efeito a taxa de câmbio em vigor à data de aprovação da presente directiva.

2. Os Estados-Membros podem proceder ao arredondamento dos montantes que resultem da conversão, desde que esse arredondamento não exceda 10 EUR.

CAPÍTULO VIII
Disposições finais e transitórias

ARTIGO 29.º
(Revogação)

A Directiva 87/102/CEE é revogada com efeitos a partir de 12 de Maio de 2010.

ARTIGO 30.º
(Medidas transitórias)

1. A presente directiva não é aplicável aos contratos de crédito vigentes à data da entrada em vigor das disposições nacionais de transposição.

2. Contudo, os Estados-Membros devem assegurar que os artigos 11.°, 12.° e 13.°, o artigo 17.°, o segundo período do n.° 1 do artigo 18.° e o n.° 2 do artigo 18.° sejam igualmente aplicados aos contratos de crédito por período indeterminado vigentes à data de entrada em vigor das disposições nacionais de transposição.

ARTIGO 31.°
(Entrada em vigor)

A presente directiva entra em vigor no vigésimo dia seguinte ao da sua publicação no *Jornal Oficial da União Europeia*.

ARTIGO 32.°
(Destinatários)

Os Estados-Membros são os destinatários da presente directiva.

Feito em Estrasburgo, em 23 de Abril de 2008.

Pelo Parlamento Europeu
O Presidente
H.-G. PÖTTERING

Pelo Conselho
O Presidente
J. LENARČIČ

ÍNDICE

DL 133/2009, DE 2 DE JUNHO 7

    Preâmbulo.. 9

    Articulado e Anotações 11

CAPÍTULO I – *Objecto, âmbito de aplicação e definições*.................................... 11

    ARTIGO 1.º (Objecto e âmbito).. 11
    ARTIGO 2.º (Operações excluídas) 12
    ARTIGO 3.º (Outras exclusões) 21
    ARTIGO 4.º (Definições) 23

CAPÍTULO II – *Informação e práticas anteriores à celebração do contrato de crédito*... 39

    ARTIGO 5.º (Publicidade) 39
    ARTIGO 6.º (Informações pré-contratuais) 43
    ARTIGO 7.º (Dever de assistência ao consumidor)...................... 49
    ARTIGO 8.º (Informações pré-contratuais nos contratos de crédito sob a forma de facilidade de descoberto e noutros contratos de crédito especiais).. 50
    ARTIGO 9.º (Isenção dos requisitos de informação pré-contratual) 54
    ARTIGO 10.º (Dever de avaliar a solvabilidade do consumidor) 55
    ARTIGO 11.º (Acesso a bases de dados)... 57

CAPÍTULO III – *Informação e direitos relativos aos contratos de crédito* 59

    ARTIGO 12.º (Requisitos do contrato de crédito) 59
    ARTIGO 13.º (Invalidade e inexigibilidade do contrato de crédito) 65
    ARTIGO 14.º (Informação sobre a taxa nominal) 70
    ARTIGO 15.º (Informação nos contratos de crédito sob a forma de facilidade de descoberto)... 72
    ARTIGO 16.º (Extinção dos contratos de crédito de duração indeterminada) 73

184   *Crédito aos Consumidores*

ARTIGO 17.º (Direito de livre revogação) 77
ARTIGO 18.º (Contrato de crédito coligado) 85
ARTIGO 19.º (Reembolso antecipado) 93
ARTIGO 20.º (Não cumprimento do contrato de crédito pelo consumidor) 98
ARTIGO 21.º (Cessão do crédito e cessão da posição contratual do credor) 101
ARTIGO 22.º (Utilização de títulos de crédito com função de garantia) 104
ARTIGO 23.º (Ultrapassagem do limite de crédito em contratos de crédito
              em conta corrente) 106

CAPÍTULO IV – **Taxa anual de encargos efectiva global** 109

    ARTIGO 24.º (Cálculo da TAEG) 109

CAPÍTULO V – **Mediadores de crédito** 113

    ARTIGO 25.º (Actividade e obrigações dos mediadores de crédito) 113

CAPÍTULO VI – **Disposições finais** 115

    ARTIGO 26.º (Carácter imperativo) 115
    ARTIGO 27.º (Fraude à lei) 116
    ARTIGO 28.º (Usura) 118
    ARTIGO 29.º (Vendas associadas) 120
    ARTIGO 30.º (Contra-ordenações) 121
    ARTIGO 31.º (Fiscalização e instrução dos processos) 124
    ARTIGO 32.º (Resolução extrajudicial de litígios) 125
    ARTIGO 33.º (Norma revogatória) 126
    ARTIGO 34.º (Regime transitório) 127
    ARTIGO 35.º (Aplicação no espaço) 129
    ARTIGO 36.º (Avaliação da execução) 129
    ARTIGO 37.º (Entrada em vigor) 130

    Anexo I 131
    Anexo II 133
    Anexo III 138

*Directiva 2008/48/CE, do Parlamento Europeu e do Conselho, de 23 de Abril
    de 2008* 145